読む力

中級

コミュニカ学院
[監修] 奥田純子
[編著] 竹田悦子・久次優子・丸山友子
　　　 八塚祥江・尾上正紀・矢田まり子

はじめに

　『読む力　中級』は、大学や大学院、専門学校で学んでいる人、これから学ぼうとする人、そして、「中級の壁」を越えたいと思っている人を対象にした教材です。読むことにおいて「中級の壁」というのは、社会や専門分野で出会うさまざまな文章を詳細な点まで理解したり、表面的な意見や情報ばかりでなく、含意された意見や立場なども理解したりすることを言います。この壁を越えれば、大学などで学ぶための準備が十分に整った読みの上級者になることができます。本書は、上級者を目指して「中級の壁」を越える第一歩を踏み出したいと思っている学習者のために作りました。

　みなさんは、日本語の文章を読んだときに、「ことばの意味は分かるのに、言いたいことが分からない」という経験はありませんか。母語で書かれた文章を読むときにも、同じことが起こります。

　原因は四つ考えられます。一つ目は、文章自体に問題がある場合です。これは書き手の問題ですから、分からなくて当然です。二つ目は、文章のテーマや話題について、読み手にあまり知識や経験がない場合です。三つ目は、読み手に語彙・表現の知識と文または談話(文章)の文法知識が足りない場合です。そして、四つ目は、読み手の文章の理解力が低い場合です。文章の理解力というのは、ことばの文字通りの意味だけではなく、文と文や段落と段落などの関係性や話の展開などを考えながら、書き手が伝えようとする内容や情報、あるいは意図や主張を理解する能力です。少し難しい言葉でいうと、認知処理の能力ということです。

　「中級の壁」を越えるには、特に、三つ目の日本語の知識と四つ目の文章の理解力、つまり認知処理の能力が必要です。大学等で学ぶということは、文章のテーマや話題になっている専門領域の知識を得たり、考え方を学んだり、そこでの問題を解決したりする力を養うことです。そのためには、日本語の知識と認知処理の能力が必須です。

　本書は、専門領域の内容そのものは扱いませんが、みなさんが専門分野の文章を読むときに役立つと考えられる内容で、書き手の立場や視点が明確な文章を選んであります。そして、日本語の知識と認知処理を日本語で行うための基礎力を身につける問題を数多く入れました。その認知処理のスキルを明示したのが、本書の新しい点です。

　本書が、みなさんにとって、上級者への一歩を踏み出す一助となれば幸いです。

2011年　神戸にて東風を待ちつつ

奥田純子

目次

| はじめに ...... iii | この本の使い方 ...... v |

第1課 心のバリアフリー —靴と車椅子... 1
　　□乙武洋匡(著)

第2課 30代ビジネスマンの「心の病」を考える 9
　　□香山リカ(著)

第3課 「少女マンガ家ぐらし」へ —夢を叶える.. 19
　　□北原菜里子(著)、岩波書店編集部(編)

第4課 プロフィール —夢を実現させ続ける外食産業の雄.................................. 27
　　□村上龍(著)、テレビ東京報道局(編)

第5課 インタビュー —夢に日付を入れれば、今日やるべきことがわかる............ 35
　　□村上龍(著)、テレビ東京報道局(編)

第6課 いつも学びがある —患者からも学ぶ。それを伝える役割がある。............ 45
　　□テレビ東京報道局(編)

第7課 「早朝時間」のフル活用で成功した人たち.. 53
　　□箱田忠昭(著)

第8課 緑のカーテン 65
　　□『西日本新聞』「春秋」2007.8.10

第9課 環境立国ニッポンの挑戦 —第1章 水資源(4)進む廃水浄化 再利用「当たり前」.. 73
　　□『産経新聞』2008.1.23

第10課 渡り鳥はなぜ迷わない？.. 81
　　□東嶋和子(著)、北海道新聞取材班(著)

第11課 フリーズする脳 —思考が止まる、言葉に詰まる.................................. 91
　　□築山節(著)

この本の使い方

対象とする学習者

○大学、専門学校等で学んでいる人、学ぼうとしている人
○アカデミックな日本語を読めるようになりたい人
○日本語能力試験(N1、N2)、日本留学試験に向けて読解の勉強をしたい人

この本の特徴

特徴1 ... 学習目標が見える！

◉ 各課の学習目標には[できること1]と[できること2]の2つがあります。

できること1 この本で達成する大きな学習目標です。

できること2 [できること1]を細かく分けたのが、[できること2]です。その課の勉強は何のためか、これを勉強することによって何ができるようになるのかがわかります。

	できること1	できること2	
第1課〜第5課	比較的身近なテーマのコラム・エッセイ・伝記・対話を読んで、事実関係や物事の経緯、筆者の主張や意図が把握できる	コラムやエッセイを読んで、筆者の主張や意図が把握できる	第1課、第2課
		プロフィールや伝記を読んで、描かれた人物がたどった経緯が把握できる	第3課、第4課
		対話形式のテキストを読んで、テーマに沿って発言の要点が把握できる	第5課
第6課〜第11課	新聞・雑誌のコラムや解説文、教養書を読んで、詳細な事実関係や現状、展望、背景、因果関係、理由、根拠などが把握できる	伝記やドキュメンタリーを読んで、描かれた人物の特徴が把握できる	第6課
		自己啓発書の一節を読んで、筆者の提案とその根拠が把握できる	第7課
		新聞のコラムや特集記事を読んで、取り上げられた事象の現状、展望、原因、問題点などが把握できる	第8課、第9課
		一般向けの解説文を読んで、事実関係、背景、方法、原因、理由などが把握できる	第10課、第11課

特徴2 … 必要なスキル(技能)がはっきりわかる!

● 課のはじめに「この課で身につけるスキル(スキル表)」があります。スキルは、全体把握と認知タスクを解くことによって確認できます。「タスク(問題)」⇒「スキル(技能)」⇒「学習目標(できること)」というつながりがはっきり見えます(スキルの内容については pp.xi-xii を参照)。

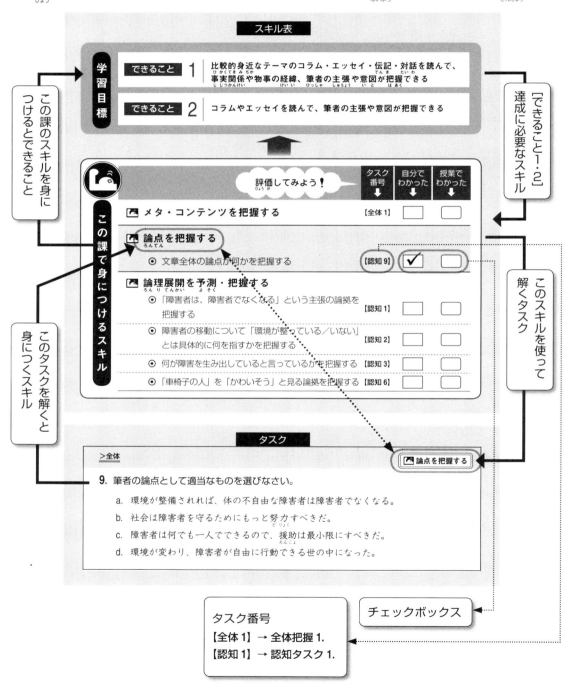

● 「この課で身につけるスキル(スキル表)」のチェックの仕方

　タスクを解いた後、自分で「この課で身につけるスキル(スキル表)」や巻末の「スキル一覧表」にチェック✓してみてください。得意なスキル、苦手なスキル(あなたに必要なスキル)がわかります。自分の弱い部分を知って勉強すれば、読む力が確実に身につきます。

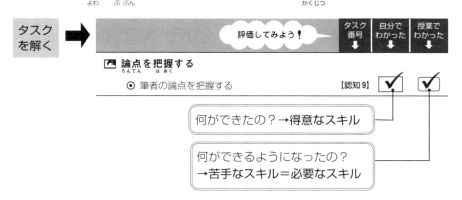

● 巻末には「スキル一覧表」があります。その課の学習を終えて、それぞれのスキルが身についたかどうかを自己評価し、チェック✓してみましょう。得意なスキル、苦手なスキル(あなたに必要なスキル)を把握して、スキル向上に役立てましょう。

学習目標	できること①	比較的身近なテーマのコラム・エッセイ・伝記・対話を読んで、事実関係や物事の経緯、筆者の主張や意図が把握できる		
	できること②	コラムやエッセイを読んで、筆者の主張や意図が把握できる		プロフィールや伝記を読んで、描かれた人物がたどった経緯が把握できる
各課詳細	課	第1課	第2課	第3課
	タイトル	心のバリアフリー	30代ビジネスマンの「心の病」を考える	「少女マンガ家ぐらし」へ
身につけるスキル	メタ・コンテンツを把握する	● ✓	● ✓	● ✓
	全体の流れを把握する		● ✓	● □
	テーマを把握する			
	論点を把握する	● □	●	
	論理展開を予測・把握する	● ✓	● □	● □
	明示的な主張・意図を把握する	● ✓	●	● ✓
	結論を把握する			

チェックボックス

特徴3 … アカデミックな読みをするための3種類のタスク

● 大学、専門学校で必要とされるアカデミックな読みとは？

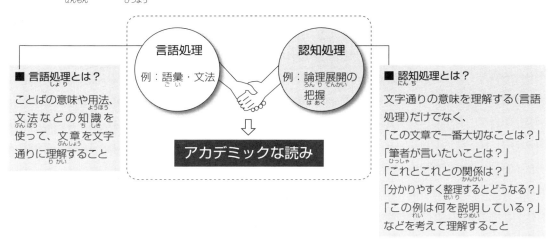

● 各課にはアカデミックな読みをするための3種類のタスク（「全体把握」「言語タスク」「認知タスク」）があります。

1. 全体把握

メタ・コンテンツ（次ページ参照）と文章の種類を問うタスクです。段落を正しい順序に並べ替えたり、どのような読者層を対象に書かれた文章か把握したりするタスクもあります。テキストを読んで、そこに書かれたことはつまり何なのか、というメタ・コンテンツの形にまとめる力は、レジュメやレポートを書くときに必要です。まず、時間をかけずにサッと読んで、解いてみてください。もし、分からなかったら、「言語タスク」「認知タスク」を解いた後でもう一度考えてみてください。

2. 言語タスク

「認知タスク」を解くために必要な言語処理を問う問題なので、「認知タスク」を解く前に解いた方が効果的です。

3. 認知タスク

言語処理だけでなく、認知処理を同時に必要とするアカデミックな問題です。

メタ・コンテンツとは？

コンテンツ(内容)そのものではなく、**内容をメタ(meta-)に(ひとつ上のレベルから)
捉え直し、名詞句で端的にまとめたもの**です。要点や要約ではありません。

➡ 「コンテンツ」と「メタ・コンテンツ」の違いは？

① | 明日は朝のうちは晴れますが、午後から崩れだし、雨になるところもあるでしょう。

　　△ 明日の天気が悪くなる　←コンテンツ
　　○ 明日の天気予報　←メタ・コンテンツ

② | 電車内では、周りのお客様のご迷惑にならないよう、携帯電話はマナーモードに設定し、車内での通話はご遠慮ください。優先席付近では、電源をお切りください。皆様のご協力をお願い致します。

　　△ 電車内では携帯電話を使わないでほしい　←コンテンツ
　　○ 電車内での携帯電話使用に関するお願い　←メタ・コンテンツ

③ | 冬になると空気が乾燥し、風邪のウイルスの活動が活発になります。風邪を予防するには、ウイルスを体内に入れないことです。出かけるときは、人ごみを避け、帰ったら手洗いとうがいをしましょう。また、抵抗力を高めることも大切です。そのためには、十分な睡眠をとり、栄養のバランスの取れた食事をしましょう。

　　△ 風邪を予防するにはウイルスを体内に入れないことと、抵抗力を高めることが重要だ　←コンテンツ
　　○ 風邪の予防のためのアドバイス　←メタ・コンテンツ

この本の構成

■ 読む前に

　　皆さん自身の考え方、ふるさとの文化などに関する簡単な質問や、短い文章が書かれています。これは、テキストを読む前に、そのテーマやトピックに関する皆さんの知識を引き出して、興味や関心をもってもらうためのものです。クラスでその質問や文章について話し合い、共有しておけば、より多くの知識を持ってテキストを読むことができます。もし、皆さんがそのテーマやトピックに関してあまり知らない場合は、テキストを読むために必要な知識を得ることもできます。

■ 学習目標

　　この課の学習を通じて、何ができるようになるのかが、[できること1][できること2]に書かれています（詳しくはp.vを参照）。文章を読むとき、普通は「この機械の使い方を知りたい」とか「手紙の用件を知りたい」など具体的な目的があります。この本の本文を読むときにも、「これを読み取ろう」という目的を持って読むことによって、なんとなく読むよりも読む力が格段に高まります。

■ この課で身につけるスキル（スキル表）

　　この課の学習目標を達成するために必要なスキルが挙げてあります。これらのスキルは、問題を解くときに使うスキルでもあります。スキルは、全体把握と認知タスクを解くことによって確認できます。この課の学習を終えたあとで、自分がそのスキルを使えるようになったか、自己評価してみてください。最初に問題を解いたとき、自分ひとりですぐにできた場合は、「自分でわかった」にチェック✓を入れましょう。最初はわからなかったけれど、授業の中でクラスメートや先生の助けを借りながら理解できたという場合は、「授業でわかった」にチェック✓しましょう（詳しくはp.vi～viiを参照）。

　　各課の評価が済んだら、「自分でわかった」が多いスキルと、「授業でわかった」が多いスキルが見えてきます。読解に関する自分の得意なところと、これからもっと伸ばしたいところを、この自己評価を通じて把握しましょう。

　　スキル表のふりがなは、日本語能力試験（旧試験）の2級以上（2級、1級、級外）の漢字を使う語と、固有名詞についています（ページ初出のみ）。

　　また、2課、7課、8課のスキル表の最後にある「関連語彙と表現」は、互いに意味上のつながりのある語彙や表現です。このつながりに注意すると、テキストの理解が深まります。

スキル表の内容

メタ・コンテンツを把握する Grasp the meta-contents of the text / 掌握大意 / 주요내용을 파악한다	メタ・コンテンツとは、内容をメタに（ひとつ上のレベルから）捉え直し、名詞句で端的にまとめたものです。内容の要約ではありません（詳しくは、p.ix を参照）。
全体の流れを把握する Grasp the overall flow of meaning of the text / 掌握总体的流程 / 전체의 흐름을 파악한다	文章全体をひとつの話として理解することです。話のつながりがわかり、段落を正しい順序に並べ替えることができます。
テーマを把握する Grasp the theme / 掌握主题 / 테마를 파악한다	その文章が扱っているテーマ（主題）を的確に捉えることです。テーマとトピック（話題）が異なる場合や、テーマが直接的に書かれていない場合もあります。
論点を把握する Grasp the point of argument / 掌握论点 / 논점을 파악한다	論点とは、そこに書かれた主張やその根拠の核心（一番中心的なポイント）です。つまり、「要するに何が言いたいか」です。
論理展開を予測・把握する Predict/understand the logical development / 预测掌握逻辑展开 / 논리 전개를 예측・파악한다	書かれたことを論理的に追い、「なぜそう言えるのか」を理解すること、論理的に考えて前後の展開や結論を推測することです。
明示的な主張・意図を把握する Grasp the explicit assertion/intention / 掌握明确的主张・意图 / 명시적인 주장・의도를 파악한다	文中に筆者の主張（意見）や意図（言いたいこと）がはっきり表れているときに、それが読み取れることです。
結論を把握する Grasp the conclusion / 掌握结论 / 결론을 파악한다	筆者の最終的な判断を一言でまとめるとどうなるかがわかることです。結論ははっきり書かれている場合とそうでない場合があります。あとの場合は、書かれたことをもとに推測する必要があります。
特定の情報のみを抽出する Extract specific information / 只提取特定的信息 / 특정의 정보만을 추출한다	必要な情報がどこに書かれているか見つけ出すことです。要らないものを捨て、必要な部分だけを取り出します。
比較・対照する Compare/contrast / 比较・对照 / 비교・대조한다	「Aはこうだが、Bはこうだ」と何かを比べた文章を理解することです。分類の視点が筆者独特の場合、何と何を対比しているのかを的確に捉えることがポイントになります。
原因と結果の関係を把握する Grasp the relationship between cause and result / 掌握原因和结果的关系 / 원인과 결과의 관계를 파악한다	因果関係を理解することです。文中で原因と結果が離れている場合や、直接的に書かれていない場合もあります。
構造・法則性を把握する Grasp the structure/principle / 掌握构造・法则性 / 구조・법칙을 파악한다	書かれている内容について論理的な構造や法則性（こういう場合はこうなるなど）を整理して理解することです（ここで言う「構造」は、文章の文法的・言語的構造ではありません）。

🔍 **何の例かを把握する** Grasp what the example is for / 掌握例举的事例 / 무슨 예인지를 파악한다	例を挙げて何かを説明しているとき、「それが何を説明するための例なのか」を理解することです。「どんな例か」ではありません。
🔍 **直接的・間接的引用に注意する** Pay attention to the direct/indirect quotation / 注意直接的・間接的引用 / 직접적・간접적인용에 주의한다	他の人の言葉や本の内容などを伝える引用部分と、地の文（筆者の述べていること）を区別して理解することです。引用でも「　」がある場合とない場合があります。
🔍 **非明示的な背景・意図を推測する** Speculate on the implicit background/intention / 推測非明確的背景和意図 / 비명시적인 배경이나 의도를 추측한다	書かれたことの背景や意図が直接的ではないが推測できるように書かれている場合に、それを捉えることです。
🔍 **複数の情報を関連付ける** Relate two or more pieces of information with each other / 把複数的信息联系起来 / 복수의 정보를 관련 짓는다	書かれている複数のことが互いに関連している場合に、その関係を正しく理解し、関連するもの同士を結びつけることです。
🔍 **発話者を特定する** Specify the speaker / 認定発話者 / 화자를 특정시킨다	文中に複数の人物が登場する場合に、ある言葉を「誰が言ったのか」を正しく捉えることです。
🔍 **アナロジー・比喩がわかる** Understand the analogy/metaphor / 判明类推・比喩 / 유추・비유를 알 수 있다	アナロジー（類推）というのは、新しい物事や考え方を説明するときに、すでに知っていることと比べてみることです。「ああ、こういうことかな」と類推してわかってもらうための説明の手法です。 比喩は、「太陽のように明るい人」や「人生は旅だ」のように、一つのものを何か他のものに喩えることです。「人生は旅だ。計画してもその通りには行かない。だが、そこがおもしろい。」のように、喩えるものの間に共通の物語や関係や構造があるものは、比喩でもあり、同時にアナロジーでもあります。 ◇ ［アナロジーを使った説明の例］ 「過去にこだわらずに前に進むこと」を説明するために、下線部のコップの話を、アナロジーとして使っています。 　　ときどき、これまでのやり方や過去の成功体験にこだわって、新しい方法や考え方を受け入れられない人がいる。だが、それでは進歩も成長もない。過去にこだわらずに前に進もう。<u>コップに新しい水を入れるには、今、入っている水を捨てなければならないのだ。</u>

■ テキスト

　文章の種類としてはエッセイ、対話文、新聞記事、解説文など、ジャンルとしては自己啓発、経済、環境、福祉など、大学などにおいて出会う多様なものが選ばれています。内容的には、専門的なテキストを読む前段階として、一般向けの文章で認知処理が必要なものが選ばれています。全て、日本人向けに書かれた生の文章です。

　ふりがなは、日本語能力試験(旧試験)の1級以上(1級と級外)の漢字を使う語と、固有名詞についています(ページ初出のみ)。それ以外で読み方のわからない語は、語彙リストで調べましょう。

■ 全体把握・言語タスク・認知タスク

　「この本の特徴　特徴3(p.viii)」を参照してください。

■ 巻末「スキル一覧表」

　巻末の「スキル一覧表」には、各課の学習目標([できること1][できること2])、「この課で身につけるスキル」が一覧で示してあります。その課の学習を終えたら、身についたスキルを自己評価し、チェックを入れましょう(詳しくはp.viiを参照)。

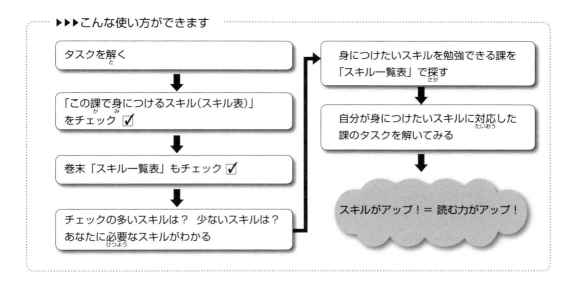

▶▶▶こんな使い方ができます

タスクを解く
↓
「この課で身につけるスキル(スキル表)」をチェック ☑
↓
巻末「スキル一覧表」もチェック ☑
↓
チェックの多いスキルは？　少ないスキルは？
あなたに必要なスキルがわかる
→
身につけたいスキルを勉強できる課を「スキル一覧表」で探す
↓
自分が身につけたいスキルに対応した課のタスクを解いてみる
↓
スキルがアップ！＝読む力がアップ！

■ 別冊「語彙リスト」

その課の語彙の英語、中国語、韓国語訳がついています。予習、復習に使ってください。

級	ことば	読み方	英語	中国語	韓国語
■ 第2課　30代ビジネスマンの「心の病」を考える					
2	病	やまい	illness	病患	병
	～傾向にある	～けいこうに　ある	to have a tendency to~	有～傾向	경향이 있다
外	メンタルヘルス		mental health	心理健康	정신적 건강
1	対応する	たいおう - する	to correspond	対応，応付	대응하다, 대처하다
2	回復する	かいふく - する	to recover	恢復	회복되다
外	直属	ちょくぞく	direct; immediate	直属	직속
外◆	法務	ほうむ	legal affairs	司法	법무

[凡　例]

1＝日本語能力試験(旧試験)の1級の語彙、**2**＝2級、**3**＝3級、**4**＝4級
（＊旧試験の1級はおよそ新試験のN1に、2級はN2に、3級はN4に、4級はN5に相当します。）

外＝日本語能力試験の級外で覚えたほうがよいもの

外◆＝級外の理解語彙でよいもの

‥‥‥‥‥‥‥‥‥‥

○日本語能力試験3級、4級の語彙は漢字の読みが難しいものだけ載せています。
○2語以上のフレーズで載せているものは、級が書かれていません。
　　例：不調を訴える
○複合語の2つの語の級が違う場合は、上の級が書かれています。
　　　例：重なり合う⇒2級
　　　　　重なる⇒2級、合う⇒3級

第1課 心のバリアフリー

靴と車椅子

読む前に

1. 下の文は筆者自身の生活体験をつづった『五体不満足』のまえがき冒頭部分です。筆者についてどのようなことが分かりますか。
2. あなたの国では、交通機関や建物に障害を持った人のための設備がありますか。また、それはどのような設備ですか。

昭和51年4月6日。満開の桜に、やわらかな陽射し。やさしい一日だった。「オギャー、オギャー」火が付いたかのような泣き声とともに、ひとりの赤ん坊が生まれた。元気な男の子だ。平凡な夫婦の、平凡な出産。ただひとつ、その男の子に手と足がないということ以外は。先天性四肢切断。分かりやすく言えば、「あなたには生まれつき手と足がありません」という障害だ。出産時のトラブルでもない、その当時、騒がれていたサリドマイド薬害の影響でもない。原因は、いまだに分かっていない。とにかくボクは、超個性的な姿で誕生し、周囲を驚かせた。生まれてきただけでビックリされるなんて、桃太郎とボクくらいのものだろう。

学習目標

できること 1 比較的身近なテーマのコラム・エッセイ・伝記・対話を読んで、事実関係や物事の経緯、筆者の主張や意図が把握できる

できること 2 コラムやエッセイを読んで、筆者の主張や意図が把握できる

この課で身につけるスキル

評価してみよう！

	タスク番号	自分でわかった	授業でわかった

📷 メタ・コンテンツを把握する
| | 【全体1】 | | |

📷 論点を把握する
- 文章全体の論点が何かを把握する 【認知9】

📷 論理展開を予測・把握する
- 「障害者は、障害者でなくなる」という主張の論拠を把握する 【認知1】
- 障害者の移動について「環境が整っている/いない」とは具体的に何を指すかを把握する 【認知2】
- 何が障害を生み出していると言っているかを把握する 【認知3】
- 「車椅子の人」を「かわいそう」と見る論拠を把握する 【認知6】

📷 明示的な主張・意図を把握する
- 「環境さえ整っていれば、……障害者は、障害者でなくなる」ということの意図を把握する 【認知1】
- 「かわいそうな人など……少ない方がいい」という意図を把握する 【認知7】
- 「あるべき姿が現実となる」というのが具体的にどうなることなのかを把握する 【認知8】

📷 比較・対照する
- 「環境が整っている場合」と「環境が整っていない場合」を対比する 【認知2】
- 「メガネをかけること」と「車椅子に乗ること」の類似点を把握する 【認知4】
- 「メガネをかけること」と「車椅子に乗ること」の相違点を把握する 【認知5】

心のバリアフリー
靴と車椅子

乙武洋匡（著）（『五体不満足』講談社 1998）

——車椅子の方は、付き添いの方と一緒にご利用ください——

デパートや図書館などの施設にあるエレベーターの横には、こんな注意書きがある場合が多い。しかし、ボクの場合は、電動車椅子を操作してエレベーターに乗り込み、行きたい階のボタンを自分で押して、その階で降りるという一連の動作が、自分ひとりで可能だ。それでも、付き添いと一緒でなければいけないのだろうか。

①「車椅子に乗った人が、ひとりで行動するのは危険だ」「障害者は、社会で守ってあげなければならない弱者である」

注意書きの背景にあるのは、このような考え方ではないだろうか。しかし、ここで根本的な問題をあらためて問い直したい。果たして、障害者は本当に社会から守ってもらわなければならない弱者なのだろうか。

たいへん残念なことではあるが、たしかに今の日本では、障害を持った人々が街のなかを自由に動き回るのは困難だし、ひとりで生活をすることもむずかしい。そこで、多くの手助けを必要とするのも否めない事実だ。だが、障害者を②そのような立場に追い込んでいるのは「環境」なのだ。

ボクは日頃から、「環境さえ整っていれば、ボクのような体の不自由な障害者は、③障害者でなくなる」と考えている。例えば、ボクがA地点からB地点まで行きたいとする。ところが　　　ア　　　という状況では、A地点からB地点までの移動が不可能、または困難になる。その時、たしかにボクは「障害者」だ。

しかし、　　　イ　　　といった時、そこに障害はなくなる。一般的には、家を出掛ける時に玄関で靴を履くが、ボクの場合は、靴の代わりに車椅子に乗る。靴と車椅子の違いがあるだけで、自分の力でA地点からB地点まで移動したということに、なんの違いもない。「障害者」を生み出しているのは、紛れもなく、

　　　　　ウ　　　　　なのだ。

7　子どもたちの前でよくこんな話をする。「みんなのなかにも、メガネをかけている人がいるよね。それは、眼が悪いからだね。ボクも、足が不自由だから車椅子に乗っているんだ」と言うと、子どもたちは「じゃあ、一緒だね」と笑う。そこで、「メガネをかけている人って、かわいそう？」という質問をすると誰もうなずかないのに、「じゃあ、車椅子に乗っている人は？」という質問には、ほとんどの子が口を揃えて「かわいそうだ」と言う。

8　「みんなは、眼が悪いからメガネをかけるのと、足が不自由だから車椅子に乗っているのは同じだと言ったのに、どうして車椅子の人だけ、かわいそうなのかな」と言うと、「眼が悪い人は、メガネをかけることで見えるようになるけど、足が不自由な人は、車椅子に乗ってもできないことがたくさんあるから、やっぱりかわいそうだ」という答えが返ってくる。

9　子どもたちの意見は、的を射ているように思う。障害者が「かわいそう」に見えてしまうのも、　　　　　エ　　　　　。④かわいそうな人など、多いより少ない方がいいに決まっている。

10　誰もが自由に行動できるような社会。⑤あるべき姿が現実となる日は、まだまだ遠いのだろうか。

■全体把握■

1. この文章のメタ・コンテンツは何ですか。{ }の中の適当なものを選びなさい。

   　　　　　　　　　　メタ・コンテンツを把握する

   体の不自由な筆者が{a. 研究者　b. 障害者　c. 医者}の立場から{a. 社会のあるべき姿 b. 障害者の気持ち　c. 車椅子の便利さ}を問いかけた{a. 報告　b. 解説　c. 問題提起}

2. 文章の種類は何ですか。適当なものを選びなさい。

   a. エッセイ　　b. 新聞の特集記事　　c. 小説　　d. 研究論文

■言語タスク■

> 1～3段落

1. 下線部①は、誰の考えとして書かれていますか。適当なものを選びなさい。

   a. デパートや図書館の人に代表される社会一般の人々
   b. 筆者
   c. 車椅子に乗っている障害者一般
   d. 体の不自由な障害者の家族

> 4段落

2. 下線部②は、どのような立場ですか。適当なものを選びなさい。

   a. 周りからの多くの手助けを必要とする立場
   b. 手助けなく、一人で生活できるような立場
   c. 街のなかを自由に動き回ることのできる立場
   d. 周りの人の手助けをあまり必要としない立場

> 7〜8段落

3. テキストに出てくる子どもたちの意見と合うように{ }の中の適当な言葉を選びなさい。また、( )に適当な言葉を書きなさい。

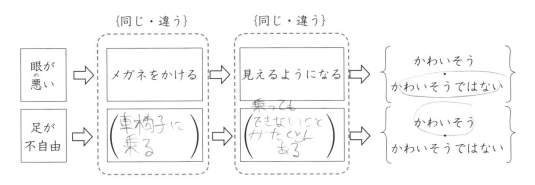

■認知タスク■

> 5〜6段落 論理展開を予測・把握する 明示的な主張・意図を把握する

1. 下線部③は、どのような意味ですか。適当なものを選びなさい。
   a. 医療体制が整い、障害を治してもらえるようになる。
   b. 人に助けてもらわなくても自由に行動することができるようになる。
   c. 障害に対する認識が変わり、社会から守ってもらえるようになる。
   d. 皆が助けてくれるようになり、どこにでも自由に行けるようになる。

> 5〜6段落 論理展開を予測・把握する 比較・対照する

2. 次の文は、本文中の ア イ のどちらに入りますか。( )にアかイを書きなさい。

   (ア)駅にはエレベーターも付いていない。
   (イ)駅にはエレベーターも付いている。
   (イ)ホームと電車の間も隙間や段差がなく、スムーズな乗り入れが可能。
   (イ)バスやタクシーにもリフトが付いていて、車椅子のまま乗り込める。
   (ア)バスやタクシーも車椅子のままでは利用できない。

> 5〜6段落　　　　　　　　　　　　　　　　　　　　　　　論理展開を予測・把握する

3. ［ウ］に入る言葉として、適当なものを選びなさい。

   a. 車椅子の性能
   b. 医療技術の遅れ
   c. 人びとの考え方
   d. 環境の不備

> 7〜8段落　　　　　　　　　　　　　　　　　　　　　　　比較・対照する

4. 筆者と子どもたちとの話では、メガネをかけるのと車椅子に乗るのは、何が同じだと言っていますか。適当なものを選びなさい。

   a. 道具によって身体的な障害をカバーしている点
   b. 道具によって障害による不自由さがなくなる点
   c. 道具を使わなければならないために、かわいそうだと思われる点
   d. 道具によって人から助けてもらう必要がなくなる点

> 7〜8段落　　　　　　　　　　　　　　　　　　　　　　　比較・対照する

5. 筆者と子どもたちとの話では、メガネをかけるのと車椅子に乗るのは、何が違うと言っていますか。適当なものを選びなさい。

   a. 身体的な障害を持つ人にとっての道具の必要度
   b. 道具を使うときの操作方法の複雑さ
   c. 道具を使うことで得られる行動の自由度
   d. 道具の使用に対する一般の人々の印象

> 9段落　　　　　　　　　　　　　　　　　　　　　　　　論理展開を予測・把握する

6. ［エ］に入る言葉として、適当なものを選びなさい。

   a. 精神的な壁を越えられず、なかなか外に出て行けないためだ
   b. 子どもたちの考えがまだ幼いためだ
   c. 足が不自由で、車椅子に乗らなければならないためだ
   d. 物理的な壁による「できないこと」が多いためだ

> 9段落　　　　　　　　　　　　　　　　　　　　　　明示的な主張・意図を把握する

7. 下線部④は、どのような意味ですか。適当なものを選びなさい。

 a. 障害者はなるべく生まれてこないほうがいい。
 b. 障害者は環境が整うまでは街に出ないほうがいい。
 c. 誰もが自由に行動できる環境に整えたほうがいい。
 d. 環境より障害者に対する見方を変えたほうがいい。

> 10段落　　　　　　　　　　　　　　　　　　　　　　明示的な主張・意図を把握する

8. 下線部⑤は、何がどのようになることですか。適当なものを選びなさい。

 a. 社会全体が障害者に対して同情心を持ってあたたかく接するようになること
 b. 障害者が障害を気にせず、どんどん積極的に社会に出て行くようになること
 c. 地域や職場などで、障害者を特別視せずに、平等に受け入れるようになること
 d. 街の環境が整って、様々な障害のある人も自由に行動できるようになること

> 全体　　　　　　　　　　　　　　　　　　　　　　論点を把握する

9. 筆者の論点として適当なものを選びなさい。

 a. 環境が整備されれば、体の不自由な障害者は障害者でなくなる。
 b. 社会は障害者を守るためにもっと努力すべきだ。
 c. 障害者は何でも一人でできるので、援助は最小限にすべきだ。
 d. 環境が変わり、障害者が自由に行動できる世の中になった。

第2課 30代ビジネスマンの「心の病」を考える

病は気から。

読む前に

1. 何か困ったときや悩みを抱えているとき、あなたは誰に相談しますか。
2. 職場で困ったことがあったとき、サラリーマンがまず相談するのは誰だと思いますか。
3. 人間関係で「横のつながり」というと、どのような関係を思いうかべますか。

学習目標

できること 1 比較的身近なテーマのコラム・エッセイ・伝記・対話を読んで、事実関係や物事の経緯、筆者の主張や意図が把握できる

できること 2 コラムやエッセイを読んで、筆者の主張や意図が把握できる

この課で身につけるスキル

評価してみよう！

スキル	タスク番号	自分でわかった	授業でわかった
📖 メタ・コンテンツを把握する	【全体1】		
📖 全体の流れを把握する	【認知6】		
📖 論点を把握する			
・筆者と「専門家」がそれぞれ提示している「心の病」増加の解決策を把握する	【認知3】【認知6】【認知7】【認知8】		
📖 論理展開を予測・把握する			
・アンケート調査の結果を把握する	【認知2】		
・アンケート調査の結果と「専門家」の提示している「心の病」増加の解決策との関係を把握する	【認知3】		
・事例に対する筆者の見解と、筆者が提示している「心の病」増加の解決策との関係を把握する	【認知6】		
📖 比較・対照する			
・「心の病」増加の解決策に対する専門家と筆者の見解の相違点を把握する	【認知6】		
📖 構造・法則性を把握する			
・「横のネットワークを飛ばす」「トップに直接、アクセスしようとする」というのが、事例の中の誰のどの行為に当たるかを把握する	【認知5】		
📖 何の例かを把握する			
・筆者がクリニックの診察室で体験したこと、大学で体験したこと、小学校の教員をしている友人から聞いたことが何の例かを把握する	【認知4】		
📖 特定の情報のみを抽出する			
・62%、72%、46%が何の割合かを把握する	【認知1】		

≪関連語彙と表現≫
○「心の病」…メンタルヘルスの問題
○「横のつながり」…横のネットワーク・コミュニケーション

30代ビジネスマンの「心の病」を考える

香山リカ（著）（『月刊Forbes（フォーブス）日本版11月号』ぎょうせい2006）

　この3年間で、「心の病」にかかる社員が増える傾向にあると考える企業が62%に上ることが、あるアンケート調査でわかった。しかも、その多くが30代に集中している。

　さらに、①職場でのコミュニケーションが減ったとする企業では、「心の病が増加」が72%に達し、そうでない企業の46%に比べてかなり高くなっている。専門家は「企業もこの現状を認識して、メンタルヘルスの問題にしっかり対応すべき」としながら、「職場での横のつながりを回復することが必要」と指摘している。

　私自身、クリニックの診察室で、「心の不調を訴える30代」の相談を受けることもよくある。軽い不眠症、パニック症候群から本格的なうつ病まで、さまざまな人がいるが、その多くが「職場の直属の上司や同僚には相談していない」と言う。しかし、その一方で「社長にはメールした」「会社の法務担当に労災に当たらないかと相談している」と言う人もいて驚かされる。②横のネットワークを飛ばして、トップに直接、アクセスしようとしてしまうのである。そういえば大学でも、「明日は休講ですか？」と友人にでも事務室にでもなく、直接、教員である私に電話やメールで尋ねてくる学生が増えている。小学校の教員をしている友人も、「最近の保護者は、疑問や不満を担任にではなくて校長や教育長に告げてしまう」と言っていた。「横のつながり」がないわけではないのに、まずそこで問題解決の可能性を探ろう、という発想がないのだ。また、③「トップに話すのは最後の最後」という感覚も薄れている。

　もちろん、うつ病など「心の病」を発症する30代の多いすべての職場で、こういった「直接トップと」といったコミュニケーションが横行している、と言うつもりはない。しかし、「横のつながり」があるのにそれをうまく活用できず、ストレスを感じても誰にも告げずにギリギリまで耐えて、ある日「社長、あまりの仕事量で押しつぶ

されそうです。明日から休みます」と、直接トップに申告する…というケースも少なくないのではないだろうか。

5 　大切なのは職場の「横のつながりの回復」というよりは、「困ったときには、まず目の前の同僚や上司に気軽に相談してみる」といったコミュニケーション術や発想法なのではないだろうか。もちろん、上司のほうもただ相談を待っているだけではなくて、「最近どうだね？」と、身近な部下に折にふれて声をかける姿勢も大切だ。

6 　メールの出現によって、誰もが気軽に「権威」と呼ばれる人たちにも思いを伝えることができるようになったのはよいが、同時に「横のつながり」の活用法まで忘れるのは問題。顔を見ながら　④「どうだ？」「ちょっと聞いてもらえますか」と交わし合う日常の会話が、「心の病」の予防につながることもある。

■全体把握■

1. この文章のメタ・コンテンツは何ですか。（　）に適当な言葉を書きなさい。また、{　}の中の適当なものを選びなさい。

> 📷 メタ・コンテンツを把握する

（ アンケート ）により明らかになった心の病増加の {a. 影響　b. 経緯　c. 原因} に関する専門家の {a. 警告　b. 考察　c. 報告}

※ 選択：b. 企業 → {c. 原因}、{b. 考察}

2. 文章の種類は何ですか。適当なものを選びなさい。

a. 新聞記事　　b. 論文　　**c. 雑誌のコラム**　　d. 官公庁の広報

■言語タスク■

> 1段落

1. アンケート調査の対象は、誰（どこ）ですか。適当なものを選びなさい。

a. 社員
b. 企業
c. 専門家
d. クリニック

> 2段落

2. 下線部①は、どのような意味ですか。適当なものを選びなさい。

a. 職場でのコミュニケーションが減らされた企業
b. 職場でのコミュニケーションが減るようなことをした企業
c. 職場でのコミュニケーションが減りそうな企業
d. 職場でのコミュニケーションが減ったと答えた企業

> 3段落

3. 筆者の職業は何だと考えられますか。適当なものを全て選びなさい。

a. 会社員　　　　　d. 大学の教員 ◯
b. 小学校の教員　　e. 会社社長
c. 精神科医 ◯　　　f. 小学校の校長

> 3段落

4. 下線部②は、どうしてだと筆者は考えていますか。本文から抜き出しなさい。

<u>職場でのコミュニケーションが減ったから</u>

> 3段落

5. 下線部③は、どのような意味ですか。適当なものを選びなさい。

a. トップにはできるだけ相談しないで、解決したほうがいい。 ◯
b. トップには最後でもいいので、必ず相談したほうがいい。
c. トップに一番最初に相談したほうがいい。
d. トップには問題が解決してから最後に話したほうがいい。

> 4段落

6. 筆者の意見として適当なものを全て選びなさい。

a. 「心の病」を発症する30代の多い職場では、「直接トップ」といったコミュニケーションが横行している。
b. 「心の病」を発症する30代の多い職場でも、「横のつながり」はある。 ◯
c. 「心の病」を発症する30代には、仕事量が少ないために、ストレスを感じ、休む人がいる。
d. 「心の病」を発症する30代には、ストレスを感じてもすぐには相談しない人が多い。 ◯
e. 「心の病」を発症する30代の多い職場では、横のネットワークを飛ばして、トップに直接、アクセスしようとするケースが少ない。

> 5段落

7. 筆者は職場において何が大切だと言っていますか。適当なものを全て選びなさい。

　　a. 横のつながりの回復
　　(b.) 「困ったときには、まず目の前の同僚や上司に気軽に相談してみる」といったコミュニケーション術や発想法
　　c. 上司も部下に相談すること
　　(d.) 上司から部下に話しかけること

> 6段落

8. 下線部④は、それぞれ誰の言葉だと推測できますか。

　　「どうだ？」→　上司　じょうし

　　「ちょっと聞いてもらえますか」→

■認知タスク■

> 1～2段落　　　　　　　　　　　　　　　　　　　　　　　　特定の情報のみを抽出する

1. 62%、72%、46%とは何を表しますか。（　）に当てはまる適当なものを選びなさい。

　　(1) (a) のうち (b) の割合は62%である。
　　(2) (d) のうち (b) の割合は72%である。
　　(3) (e) のうち (b) の割合は46%である。

　　a. アンケートに答えた企業全体
　　b. 「心の病」にかかる社員が増えていると考える企業
　　c. 「心の病」にかかる社員が増えていると考えていない企業
　　d. 職場でのコミュニケーションが減ったと考える企業
　　e. 職場でのコミュニケーションが減ったと考えていない企業

> 1〜2段落　　　　　　　　　　　　　　　　　　　　　　論理展開を予測・把握する

2. アンケート調査によると、何が心の病の増加と関係がありますか。適当なものを選びなさい。

a． コミュニケーションの増加
(b.) コミュニケーションの減少
c． 30代社員数の増加
d． 働きすぎによるストレス

> 2段落　　　　　　　　　　　　　　　　論点を把握する　　論理展開を予測・把握する

3. 専門家はなぜ「職場での横のつながりを回復することが必要」と指摘しているのでしょうか。{ }の中の適当な言葉を選びなさい。

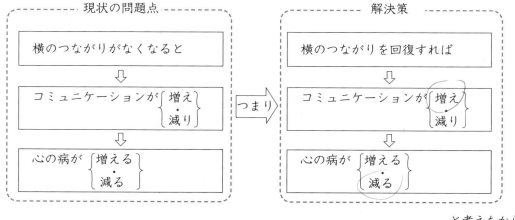

と考えたから

> 3段落　　　　　　　　　　　　　　　　　　　　　　　　何の例かを把握する

4. 筆者が〈クリニックの診察室で体験したこと〉〈大学で体験したこと〉〈小学校の教員をしている友人から聞いたこと〉は、何の例として書かれていますか。本文から抜き出しなさい。

横のネットワークを飛ばして、トップに直接アクセスしようとしてしまう

> 3段落　　　　　　　　　　　　　　　　　　　構造・法則性を把握する

5. 「クリニックで心の不調を訴える30代」、「大学の学生」、「小学生の子どもの保護者」にとって、「横のネットワーク」とは誰を指しますか。「トップ」とは誰を指しますか。適当なものを全て選び、□の中に書きなさい。

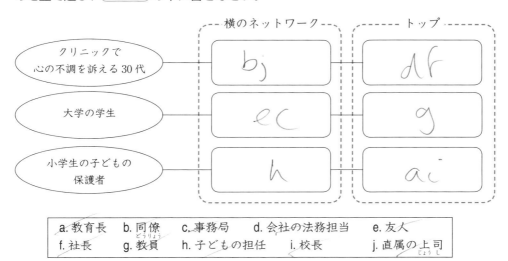

	横のネットワーク	トップ
クリニックで心の不調を訴える30代	b j	d f
大学の学生	e c	g
小学生の子どもの保護者	h	a i

a. 教育長　b. 同僚　c. 事務局　d. 会社の法務担当　e. 友人
f. 社長　g. 教員　h. 子どもの担任　i. 校長　j. 直属の上司

> 全体　　全体の流れを把握する　論点を把握する　論理展開を予測・把握する　比較・対照する

6. 本文の内容と合うように、（　）に適当な言葉を書きなさい。また、｛　｝の中の適当な言葉を選びなさい。

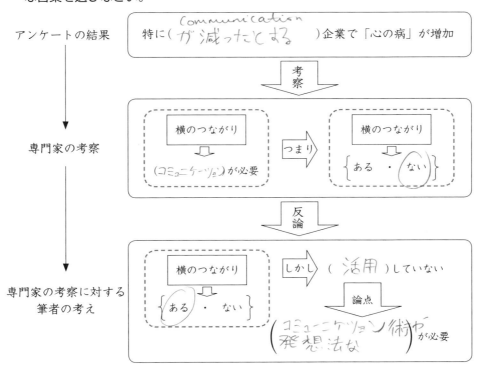

アンケートの結果 → 特に（communicationが減ったとする）企業で「心の病」が増加

↓考察

専門家の考察：横のつながり →（コミュニケーション）が必要　つまり　横のつながり →｛ある・(ない)｝

↓反論

専門家の考察に対する筆者の考え：横のつながり →｛(ある)・ない｝　しかし（活用）していない

↓論点

（コミュニケーション術や発想法な）が必要

> 全体　　　　　　　　　　　　　　　　　　　　　　　　　論点を把握する

7. 筆者の論点として、適当なものを選びなさい。

　　a. 職場での横のつながりを回復することが必要である。
　　b. 横のつながりを活用するためのコミュニケーション術や発想法が必要である。
　　c. 誰もが気軽に「権威」と呼ばれる人たちに思いを伝えることができるようにならなければならない。
　　d. 横のネットワークを飛ばして、トップに直接、アクセスしようとすることが大切である。

> 全体　　　　　　　　　　　　　　　　　　　　　　　　　論点を把握する

8. この文章にサブタイトルをつけるとしたら、どんなサブタイトルをつけますか。適当なものを選びなさい。

　　a. 横のつながりの回復を
　　b. インターネットを活用しよう
　　c. 身近な者との会話が大切
　　d. プラス思考があなたを変える

第3課 「少女マンガ家ぐらし」へ
夢を叶える

読　む　前　に

1. 子どもの頃に憧れた仕事は何ですか。
2. 実現したい夢がありますか。
3. 夢の実現のために何か行動していますか。

学習目標

できること 1 比較的身近なテーマのコラム・エッセイ・伝記・対話を読んで、事実関係や物事の経緯、筆者の主張や意図が把握できる

できること 2 プロフィールや伝記を読んで、描かれた人物がたどった経緯が把握できる

この課で身につけるスキル

評価してみよう！

	タスク番号	自分でわかった	授業でわかった
メタ・コンテンツを把握する	【全体1】		
全体の流れを把握する			
・筆者が漫画家になった経緯を把握する	【全体3】		
明示的な主張・意図を把握する			
・筆者の考える「夢を叶える」ための条件を把握する	【認知3】		
・筆者の最も伝えたいメッセージを把握する	【認知5】		
比較・対照する			
「遠巻きにそれを眺めている」と「からだが勝手にそちらのほうに動いていく」を対比する	【認知2】		
論理展開を予測・把握する			
・筆者が夢見た漫画家と他の夢との関係を把握する	【認知1】		
・「憧れていても行動するのが苦であるようなら」の後に続く内容を予測する	【認知4】		

「少女マンガ家ぐらし」へ
夢を叶える

北原菜里子(著)、岩波書店編集部(編)
(『なぜ私はこの仕事を選んだのか』<岩波ジュニア新書> 2001「少女マンガ家ぐらし」へ)

　私は子どもの頃から漫画を読むのが大好きで、よく漫画絵をらくがきしていました。お話を作るのも好きだったので、小学校低学年のころには①ストーリーのある漫画の真似ごとのようなものを描いて、遊んでいました。

　最初、鉛筆だけでノートに描いていたのが、そのうち原稿用紙やペンというものがあるのを知って、それらを買ってきて使うようになりました。そうして完成させた作品を、中学生のときに雑誌の漫画募集のコーナーに投稿しました。何度か投稿したすえに、高校一年生のときにデビューに値する賞を頂いて、プロになることが決まったのです。

　はじめから、「どうしても漫画家になりたい！」と考えていたかというと、そうではありませんでした。漫画家になれたらいいなあ、という憧れはありましたが、絶対になれる、と思ってはいなかったのです。当時はまだ、自分の可能性というものがどこに向かって伸びているのか、そんなにちゃんとは判断できませんでした。

A．それでも、そのいろいろあった夢のなかから、最終的に漫画家という道を選ぶことになったのは、なぜでしょうか。

B．なのに、　　　ア　　　。お話を考え、それをコマにして「ふきだし」に台詞を入れる作業が、寝るのも惜しいほど楽しくてたまらなかったのです。同じ漫画を何度も何度も読み返し、台詞を全部覚えてしまうほどでした。雑誌を繰り返し隅から隅まで読むので、漫画を投稿するコーナーにも目が行き、やってみようかなと思うようになり……漫画家になりたいとか目指そうとかいうより前に、②そういう、とにかく「好き」な気持ちが、自然にどんどん自分をプロへの道に近づけていったのだと思います。

C.　それは、最も日々進んで自分から触れていたのが、漫画だったからだと思います。私は毎日毎日、飽きることなく漫画ばかり、読み、また描いていました。③小説や童話は好きでも漫画ほどは読みませんでしたし、あまり書きませんでした。歌も踊りも演技も、本気で練習したことはありません。映画制作も写真もデザインも、やってみたいと思うばかりで、じっさいには勉強しようとしたことはないのです。

D.　自分の将来についてまだ深く考えてはいませんでしたし、また、④漫画家以外のいろんなものに憧れてもいました。小説家や童話作家になりたいと思ったこともありましたし、アイドル歌手のようにテレビに出たいねと、友だちと歌や踊りを練習したこともあります。映画監督にもカメラマンにも、デザイナーにもなってみたいと思ったものです。とにかく創作することが好きだったので、どれもどこかしら芸術に関係している職業ばかりですが。

8　よく、⑤「夢を叶える」という言葉を聞きます。でも、夢を夢と呼んで空想しているだけでは、それは現実にはなりません。自分が本当に欲しいものならば、(A)遠巻きにそれを眺めているだけではおられずに、(B)からだが勝手にそちらのほうに動いていくはずです。

9　だから、もしあなたが何か「なりたいもの」をもっているのなら、夢見ている状態のままでいずに、じっさいにそれに向かってどんどん行動することです。憧れていても行動するのが苦であるようなら、それは、じつは　　　　イ　　　　。

■全体把握■

1. この文章のメタ・コンテンツは何ですか。{ }の中の適当なものを選びなさい。

ある {a. 漫画家 b. 映画監督 c. 小説家 d. 童話作家} の職業選択の
{a. 成功談 b. 失敗談 c. 経緯説明 d. 決意表明}と、それに基づく若い世代への
{a. メッセージ b. 期待表明 c. 問題提起 d. 批判}

2. 文章の種類は何ですか。適当なものを選びなさい。

a. 手紙   b. エッセイ   c. レポート   d. 小説

3. A〜D段落を適切な順に並べ替えなさい。

1 → 2 → 3 → D → A → C → B → 8 → 9

■言語タスク■

>1段落

1. 下線部①は、どのような意味ですか。適当なものを選びなさい。

a. 漫画を読んで、真似をして、似た物語をつくって遊んでいた。
b. 本格的ではないが、物語性のある漫画を描いて遊んでいた。
c. 漫画を読んで、その物語を演劇のように演じて遊んでいた。
d. 物語を書き、文章の脇に漫画のような挿絵を描いて遊んでいた。

>段落D

2. 筆者が憧れた下線部④には、どのような共通点があると言っていますか。適当なものを選びなさい。

a. 有名になれる可能性があること
b. 創作や芸術と何らかの関連があること
c. 実現がきわめて難しい夢であること
d. 多くの女の子が憧れる職業であること

> 段落C

3. 下線部③は、どのような意味ですか。適当なものを選びなさい。
   a. 小説も童話も漫画も同じくらい好きだったが、どれもあまり読んだり書いたりしなかった。
   b. 小説や童話はよく読んだり書いたりしたが、漫画はあまり読んだり描いたりしなかった。
   c. 小説や童話もある程度読んだり書いたりしたが、漫画のほうがずっとたくさん読んだり描いたりした。
   d. 小説や童話はまったく読んだり書いたりしなかったが、漫画は少しだけ読んだり描いたりした。

> 段落B

4. 下線部②は、どのような気持ちですか。適当なものを選びなさい。
   a. どうしてもプロの漫画家になりたいという強い気持ち
   b. 漫画を読んだり描いたりすること自体が好きという気持ち
   c. 憧れの漫画家の世界に一歩でも近づきたいという気持ち
   d. 好きというだけで職業としては選びたくないという気持ち

■認 知 タ ス ク■

> 段落B　　　　　　　　　　　　　　　　　　　　　　　論理展開を予測・把握する

1. 空欄　ア　に入る適当なものを選びなさい。
   a. 漫画だけは違いました。頭で考えるより先に、気がつくと漫画を描いていました
   b. 漫画も同じでした。好きだとは思っても、自分で描いてみようと思ったことはありませんでした
   c. 漫画も大きな違いはありませんでした。漫画を描いてもすぐに飽きて投げ出していました
   d. 漫画だけが違ったのは、周囲が熱心に勧めてくれたために、投げ出さずに済んだことです
   e. 漫画だけは違いました。ときどき、漫画を描くことが嫌でたまらなくなりました

> 8段落　　　　　　　　　　　　　　　　　　　　　　　比較・対照する

2. 次の行動や態度はそれぞれ、(A)「遠巻きにそれを眺めている」、(B)「からだが勝手にそちらのほうに動いていく」のどちらに当たりますか。（　）にAかBかを書きなさい。

　(1) 漫画家に憧れていても漫画を読んだり描いたりするのが苦である　（ A ）
　(2) 漫画を投稿するコーナーにも目が行き、実際に投稿してみる　　　（ B ）
　(3) 頭で考えるより先に、気がつくと漫画を描いている　　　　　　　（ B ）
　(4) いつまでも「なりたいもの」を夢見ている状態のままでいる　　　（ A ）
　(5) 同じ漫画を何度も何度も読み返し、台詞を全部覚えてしまう　　　（ B ）
　(6) お話を考えたり台詞を入れたりする作業が楽しくてたまらない　　（ B ）

> 8〜9段落　　　　　　　　　　　　　　　　　　　　　明示的な主張・意図を把握する

3. 筆者によると、下線部⑤の条件は何ですか。適当なものを選びなさい。

　a. 夢を忘れないようにいつも強く思い描くこと
　b. 夢のことを考えるだけで幸せと感じられること
　(c.) 欲しいものに向かって自然に進んでいくこと
　d. 「絶対になれる！」と自分の力を信じること
　e. 普通の人にはない特別な才能を持っていること

> 9段落　　　　　　　　　　　　　　　　　　　　　　　論理展開を予測・把握する

4. 空欄　イ　に入るものとして、適当なものを選びなさい。

　a. とにかく行動を始めるべき時なのかもしれません
　b. じっとチャンスを待つべき時なのかもしれません
　(c.) あなたには向いていない職業なのかもしれません
　d. あなたに一番合っている職業なのかもしれません

> 全体　　　　　　　　　　　　　　　　　　　　　　　明示的な主張・意図を把握する

5. 筆者が読者に最も伝えたいメッセージは何ですか。本文から抜き出しなさい。

もしあなたが何か「なりたいもの」をもっているのなら、じっさいにそれに向かってどんどん行動することだ。

第4課 プロフィール
夢を実現させ続ける外食産業の雄(ゆう)

読む前に

1. あなたが知っているチェーン店を挙(あ)げてください。
2. フランチャイズ店(注1)と直営店(注2)ではどう違うのでしょうか。
3. あなたにとって人生の転機だったと思う出来事は何ですか。

(注1)フランチャイズ店：フランチャイズ方式における加盟店のこと。企業本部はフランチャイズ店に、店名などの商標(しょうひょう)を利用する権利や運営のノウハウを提供(ていきょう)し、一定地域での販売権を与え、特約料を得る。外食産業やコンビニに多い。企業本部とは別に、オーナー(所有者)がいる。

(注2)直営店：チェーン店の企業本部が直接、所有し、運営する店舗(てんぽ)。

学習目標

できること 1 比較的身近なテーマのコラム・エッセイ・伝記・対話を読んで、事実関係や物事の経緯、筆者の主張や意図が把握できる

できること 2 プロフィールや伝記を読んで、描かれた人物がたどった経緯が把握できる

この課で身につけるスキル

評価してみよう！

	タスク番号	自分でわかった	授業でわかった
メタ・コンテンツを把握する	【全体1】		
論点を把握する	【認知6】		
明示的な主張・意図を把握する			
◉「どんな事業を始めるべきか、迷っていた」理由を把握する	【認知3】		
◉「1日20時間働き、……貯めた」の意図を把握する	【認知4】		
非明示的な背景・意図を推測する			
◉「父の仇をとりたい……」が何を意図しているかを把握する	【認知1】		
◉「最初の夢を実現」から考えて、「『つぼ八』……店」の業態を把握する	【認知5】		
複数の情報を関連付ける			
◉ 筆者の決意と、決意のきっかけとなった出来事を関連付ける	【認知2】		

ワタミ社長　渡邉美樹
プロフィール
夢を実現させ続ける外食産業の雄

村上龍（著）、テレビ東京報道局（編）

（『カンブリア宮殿　村上龍×経済人』日本経済新聞出版社 2007）

　伸び悩む外食産業にあって、成長を続ける「和民」。「和民」は他の居酒屋と違い、ファミリーや女性、さまざまな層がターゲットだ。自社の畑でつくる有機野菜のほか、安全・安心な食材が売り。一品あたりの平均単価も340円と安い。刻々と移り変わる顧客ニーズに対応し、現在は居酒屋だけでなく、ファミリー向けの居酒屋やダイニングバーから焼肉屋まで、さまざまなブランドを展開している。

　午前5時50分、渡邉美樹は社員の誰よりも早く出社する。睡眠時間はわずか4時間。

　1959年、渡邉は横浜で生まれた。父、秀樹はコマーシャルをつくる会社の社長。幼いころ、家庭は裕福だった。日曜日には銀座で外食するのが、渡邉の何よりの楽しみだった。しかし10歳の春を境に、すべてが変わった。母、美智子が病気で亡くなったのだ。さらに7ヵ月後、父の会社が経営破綻。数千万円の負債を背負った。渡邉家の生活は一変した。①「父の仇をとりたい……」。渡邉は小学校の卒業文集で誓った。「必ず社長になる」と。

　明治大学卒業を間近に控えた1982年、渡邉は北半球一周の旅に出た。社長になると誓ったものの、②どんな事業を始めるべきか、迷っていた。27ヵ国を訪ね歩き、最後にたどり着いたのがニューヨーク。何気なく足を運んだダウンタウンのライブハウス。カウンターの渡邉に、隣の席の黒人が話しかけてきた。ここには金持ちも貧乏人もない。人種や宗教の違いもない。みんなが今という時間を最高に楽しんでいる。「僕が求めていたのは、こうした時間や空間だ。こういう店をやろう」。帰りの飛行機の中で渡邉は、③初めて夢に日付を入れた。「24歳の4月1日に社長になる」。

　大学卒業後、会社設立の資金をつくるため、宅配便のドライバーになる。④1日20時間働き、1年間で300万円を貯めた。夢に向かって走り出そうとした渡邉を後押し

してくれる人物も現れた。居酒屋つぼ八の創業者、石井誠二である。1984年、渡邊は最初の夢を実現。会社をつくり、「つぼ八」高円寺北口店のオーナーとなった。しかも、渡邊の店はサービスが違った。膝をついておしぼりを出す。それまで居酒屋ではやっていなかったことをやった。

6　⑤それから8年、渡邊は自社ブランドの外食チェーン「居食屋和民」一号店を東京・笹塚にオープン。以後、急成長を続け、創業22年で630店舗に規模を拡大、2000年に東証一部に上場した。

7　若い社員たちに「好きなことを仕事にしろ」と言う渡邊は、自身も新たな夢を追い求めている。それは介護ビジネスだ。2005年、16の老人ホームを運営していた企業を買収。外食産業で培ったノウハウを生かして、高齢社会の巨大市場に挑む。

■全体把握■

1. この文章のメタ・コンテンツは何ですか。(　)に適当な言葉を書きなさい。また、{　}の中の適当なものを選びなさい。

   居酒屋「(和民)」の創業者である(渡邉美樹)の人生の転機を軸に語られた
   {a. 隠れた魅力　b. 子供時代の思い出　c. 社長としての日常　(d. 現在に至る経緯)}

2. 文章の種類は何ですか。適当なものを選びなさい。

   a. 人物紹介　b. インタビュー　c. コラム　d. 特集記事

■言語タスク■

> 1段落

1. 「和民」の説明として適当なものを選びなさい。

   a. 「和民」は売り上げが伸び悩んでいる。
   (b.) 「和民」は他の居酒屋より、ターゲットとしている層が広い。
   c. 「和民」は全ての食材を自社の畑で作っている。
   d. 「和民」の料理は全て340円だ。
   e. 「和民」という名前のダイニングバーや焼肉屋がある。

> 3段落

2. 渡邉家が一変したのはどうしてですか。

   (1) お母さんが病気で亡くなったのだ

   (2) お父さんの会社が経営破綻したのだ

> 3段落

3. 渡邉氏は小学校の卒業文集で何を誓いましたか。

   「父の仇をとりたい…」から 必ず社長になる

> 4段落

4. 渡邉氏はいつ北半球一周の旅に出ましたか。適当なほうを選びなさい。

　　a. 明治大学卒業後
　　(b.) 明治大学卒業前

> 4段落

5. ニューヨークのライブハウスはどのような場所でしたか。適当なものを選びなさい。

　　a. よく似た人たちが集まるので、皆が気をつかわず楽しめる場所
　　(b.) 貧富、人種、宗教に関係なく、今という時間を皆が楽しんでいる場所
　　c. 貧富の差や人種、宗教の違いがないニューヨークのような場所
　　d. 集まる人が中流階級で、人種や宗教も同じなので、皆が楽しむことができる場所

> 4段落

6. 下線部③は、どのような意味ですか。適当なものを選びなさい。

　　a. 夢実現を決心した日をメモした。
　　(b.) 夢実現の期限を決めた。
　　c. 夢を叶えて社長になった。
　　d. 夢に向けて日記を書き始めた。

> 5段落

7. 「つぼ八」高円寺北口店の説明として、適当なものを全て選びなさい。

　　a. オーナーは石井誠二氏である。
　　(b.) 他の居酒屋とサービスが違った。
　　(c.) 膝をついておしぼりを出した。
　　d. それまで、はやっていなかったことをやった。

> 6段落

8. 下線部⑤「それから」とはいつからですか。

オーナーとなってから

> 7段落

9. テキストの内容と合っているものを全て選びなさい。

a. 渡邉氏は若い社員たちに「好きなことを仕事にしろ」と言っている。
b. 渡邉氏の新しい夢は、介護ビジネスである。
c. 渡邉氏は16の老人ホームを設立した。
d. 渡邉氏は外食産業と介護ビジネスは全く関係がないと考えている。

■認知タスク■

> 3段落 　　　　　　　　　　　　　　　　　　　　　　　　　　　　　[非明示的な背景・意図を推測する]

1. 下線部①の「仇をとる」とは、渡邉氏にとってどのようなことだと考えられますか。適当なものを選びなさい。

a. 事業に失敗した父に復讐すること
b. 父の会社を経営破綻に追い込んだ人に復讐すること
c. 父が失敗した事業経営で成功を収めること
d. 父の会社の営業を再開すること

> 3～4段落　　　　　　　　　　　　　　　　　　　　　　　　　　　　[複数の情報を関連付ける]

2. (　　) に適当な言葉を書きなさい。

時期	転機となった出来事	決意
10歳春	母、美智子の死	
母、美智子が亡くなってから7ヵ月後	(父の経営破綻した)	父の仇をとるため(社長になること)を決意した。
大学卒業前	ニューヨークでのライブハウスでの体験	(24歳の4月1日にこのような場所を作って社長になること)を決意した。

> 4段落　　　　　　　　　　　　　　　　　　明示的な主張・意図を把握する

3. 下線部②は、どうしてですか。適当なものを選びなさい。

　　a. どんな事業なら、一番早くお金を作ることができるかわからなかったから。
　　b. ぜひこれをやりたいと思える具体的な事業のイメージがまだなかったから。
　　c. 自分に自信がなく、自分でも始められる簡単な事業を知らなかったから。
　　d. 自分で新しい事業を始めるより、父親の会社を再建すべきだと思ったから。

> 4段落　　　　　　　　　　　　　　　　　　明示的な主張・意図を把握する

4. 下線部④は、何を示していますか。適当なものを選びなさい。

　　a. 渡邉が夢の実現のためにたいへんな努力をしたこと
　　d. 宅配便のドライバーの働いている環境が厳しいこと
　　c. がんばっても、会社を作る資金が足りなかったこと
　　b. 渡邉の金銭欲が普通の人に比べて非常に強いこと

> 5段落　　　　　　　　　　　　　　　　　　非明示的な背景・意図を推測する

5. 「つぼ八」高円寺北口店はフランチャイズ店、直営店のどちらだと考えられますか。

　　a. フランチャイズ店
　　b. 直営店

> 全体　　　　　　　　　　　　　　　　　　論点を把握する

6. 筆者の論点として、適当なものを選びなさい。

　　a. 渡邉は最初、どんな人もいっしょに楽しめる店をつくりたいと考えていたのに、次々にビジネスを拡大するようになり、最初の夢を忘れている。
　　b. 渡邉は若い頃、1日20時間働いていたが、今でも睡眠4時間で、朝の5時から働く生活が続いており、真の意味での成功者とは言えない。
　　c. 渡邉の成功は、これだけ働いたら誰でも成功できるという実例であって、成功するためにはとにかく普通の人の何倍も働くことが重要だ。
　　d. 渡邉のすごいところは、ひとつの事業に成功しても、それで満足して立ち止まらないで、次々に新しい目標を決め、夢を追い続けている点だ。

第5課 インタビュー
夢に日付を入れれば、今日やるべきことがわかる

読 む 前 に

1. 夢を叶える(かな)ための具体的な方法を何か知っていたら、挙げ(あ)てください。

2. 「夢」という言葉を辞書で調べてみましょう。どのような意味がありますか。

学習目標

できること 1 | 比較的身近なテーマのコラム・エッセイ・伝記・対話を読んで、事実関係や物事の経緯、筆者の主張や意図が把握できる

できること 2 | 対話形式のテキストを読んで、テーマに沿って発言の要点が把握できる

この課で身につけるスキル

評価してみよう！

スキル	タスク番号	自分でわかった	授業でわかった
メタ・コンテンツを把握する	【全体1】		
論理展開を予測・把握する			
・夢の実現のために今日やらなければならないことを明確にする方法を把握する	【認知4】		
・渡邉氏の「焦りません」という発言の理由を把握する	【認知6】		
明示的な主張・意図を把握する			
・対談者の主張を把握する	【認知9】		
比較・対照する			
・「リトルリーグの小学生が『ヤンキースに行きたい』という」と「プロ野球選手が『メジャーに行くんだ』という」を対比する	【認知3】		
・「千店というのが漠然とある」ときと「千店にするための計画」があるときを対比する	【認知7】		
構造・法則性を把握する			
・渡邉氏の2番目の発言と3番目の発言の構造を把握する	【認知7】		
何の例かを把握する			
・「千店舗になっている姿を何度も何度もイメージする」が何の例かがわかる	【認知2】		
非明示的な背景・意図を推測する			
・「一日に最低2、3回は見て、イメージすることが一番大事なんです」から、「夢カード」に書かれていることを推測する	【認知1】		
・「夢という字に人偏をつけると……今日の現実を変える勇気がなかっただけ」という意図がわかる	【認知5】		
アナロジー・比喩がわかる			
・山登りを夢の実現のアナロジーとして理解し、「頂上」の比喩が何を指すかがわかる	【認知8】		

ワタミ社長　渡邉美樹
インタビュー
夢に日付を入れれば、今日やるべきことがわかる

村上龍（著）、テレビ東京報道局（編）

（『カンブリア宮殿　村上龍×経済人』日本経済新聞出版社 2007）

小池：渡邉さんの「夢カード」には、日付まで細かく書かれているんですね。

渡邉：①一日に最低二、三回は見て、イメージすることが一番大事なんです。たとえば千店舗になっている姿を、何度も何度もイメージする。そうすると、潜在意識に入っていくのです。

村上：夢というのは曖昧な言葉なんですよね。たとえばリトルリーグ（注1）の小学生が「ヤンキース（注2）に行きたい」というのは夢だと思うんです。でも、プロ野球選手が「メジャー（注3）に行くんだ」というのは、夢じゃなくて、「目標」とか、「自分のやりたいこと」でしょう。②そう言った瞬間に、それは夢ではなくて、現実になるんですよ。彼にとっては現実なわけ。夢に日付を入れるということで、夢という言葉の持つ一種の罠というか、曖昧さを拒否するということになるような気がしました。

渡邉：僕は、夢は二回叶うものだと思っているんです。一度目はイメージの中で叶う、二度目は現実に叶うということです。その夢と現実とをつなげるのが時間だと思っているんです。だから、日付を入れて、今日との差を明確にする。そして、③それを日数で割ってしまえば、④今日やらなければならないことが明確になってくる。⑤「いつか叶ったらいいな」という夢は絶対に叶いません。夢という字に人偏をつけると「儚い」となります。年をとった大人が言うんですよ。「俺も若いころはそんなことを思っていた」「俺も若いころはそんなことをやりたかったんだ」と。でも、それはただの負け犬です。やらなかっただけです。今日の現実を変える勇気がなかっただけ。だから、⑥「今日の現実を変えろ」ということに代えたのが「夢に日付を入れる」という言葉だったのです。

村上：夢に日付を入れると、自然と逃げ場がなくなってきますからね。

6 小池：そこまで細かく日付を入れてしまうと、焦りませんか。

7 渡邉：⑦焦りません。逆に、今日やるべきことが明確になっているので、落ち着きます。これをやれば確実に前にいける、と思います。「和民」の1号店オープン時の日記に「千店にする」と決めたんですよ。⑧千店というのが漠然とあると、何をやっていいかわからない、誰がやったってできない、と焦りますよね。でも、⑨千店にするための計画があれば、⑩今日これをやれば一歩近づく、今日これをやればまた一歩近づく、と思えるんです。計画があるから焦らない、そして、一日一日を充実させることができる。僕はそう思っています。

8 小池：夢までの⑪道順は、多少間違ってしまってもいいんですか。

9 渡邉：そうです。まず日付を入れますね。そして、その時のベストのシナリオを書きます。で、毎日日記をつけます。でも世の中というものは常に変わっていきます。変数がたくさんあります。その変数によって計画を書き直すんです。たとえば、山をこちら側から登ろうとしたら、大きな岩があった。では戻って、今度はこちらから登ってみる。ただし、頂上にたどり着く日は変えちゃいけないわけです。ですから、計画は変えても、その日数は変えないということが基本です。そうしないと、人間とは弱いものですから、ずるずると後ろに行ってしまうでしょうからね。

(注1)リトルリーグ：国際的な少年野球(12歳以下)の組織。米国に本部がある。
(注2)ヤンキース：メジャーリーグのプロ野球チーム。ニューヨーク・ブロンクスに本拠地を置く。
(注3)メジャー：メジャーリーグ。アメリカ合衆国・カナダのチームからなるプロ野球リーグのこと。

■全体把握■

1. この文章のメタ・コンテンツは何ですか。{　}の中から適当なものを選びなさい。

 メタ・コンテンツを把握する

{a. 小池氏と渡邉氏　b. 小池氏と村上氏　c. 渡邉氏と村上氏} が {a. 小池氏　b. 渡邊氏　c. 村上氏} に聞いた {a. 事業を拡大する　b. いい店を作る　c. 夢を叶える} 方法

2. 文章の種類は何ですか。適当なものを選びなさい。

a. 対談文　b. 戯曲（演劇の台本）　c. 伝記　d. 書評

■言語タスク■

> 3段落

1. 下線部②は、誰が何と言った瞬間ですか。（　）に適当な言葉を書きなさい。

（　　　　　　　　）が（　　　　　　　　　　　）と言った瞬間

> 4段落

2. 下線部③は、つまりどうすることですか。適当なものを選びなさい。

a. 「それ」÷「日数」
b. 「日数」÷「それ」
c. 「それ」×「日数」
d. 「日数」×「それ」

> 4段落

3. 下線部⑤の「『いつか叶ったらいいな』という夢」には日付が入っていますか。

_____

> 4段落

4. 下線部⑥は、どのような意味ですか。適当なものを選びなさい。

　a. 「今日の現実を変えろ」という言葉を使ったら、「夢に日付を入れる」という気持ちになった。

　b. 「夢に日付を入れる」という言葉を使ったら、「今日の現実を変えろ」という気持ちになった。

　c. 「今日の現実を変えろ」という言葉を使わないで、代わりに「夢に日付を入れる」という言葉を使った。

　d. 「夢に日付を入れる」という言葉を使わないで、代わりに「今日の現実を変えろ」という言葉を使った。

> 4段落

5. 渡邊氏は、どのような人のことを「負け犬」と言っていますか。適当なものを選びなさい。

　a. 夢はあったが行動に移さなかった人
　b. 年をとってから、夢を持てない人
　c. 年をとった大人
　d. 年をとってから行動しようとしている人

> 7段落

6. 下線部⑩は、何に近づくのですか。

　　夢

> 8〜9段落

7. 下線部⑪と同じ意味で使われている言葉を、渡邊氏の話の中から2つ抜き出しなさい。

　　計画　　　　　　　シナリオ

■認知タスク■

> 全体　　　　　　　　　　　　　　　　　　　　　　　　[非明示的な背景・意図を推測する]

1. 「夢カード」には何が書いてあると考えられますか。適当なものを全て選びなさい。

　　a. 潜在意識にあるもの
　　b.⃝ 夢の内容
　　c. 夢の達成予定日
　　d. 夢という言葉の意味

> 2段落　　　　　　　　　　　　　　　　　　　　　　　　[何の例かを把握する]

2. 下線部①は、どうして大事なのですか。（　　）に適当な言葉を書きなさい。

　　（　夢　）をイメージすると、それが（　潜在意識　）から に入っていく

> 3段落　　　　　　　　　　　　　　　　　　　　　　　　[比較・対照する]

3. 村上氏は、「夢に日付を入れること」は、次のうち、どちらに近いと言っていますか。適当なほうを選びなさい。

　　a. リトルリーグの小学生が「ヤンキースに行きたい」ということ
　　b.⃝ プロ野球選手が「メジャーに行くんだ」ということ

> 4段落　　　　　　　　　　　　　　　　　　　　　　　　[論理展開を予測・把握する]

4. 下線部④は、どうすれば明確になりますか。（　　）に適当な言葉を書きなさい。

　　「現状と（　夢　）との差」を「（　現実に叶える　）までの日数」で割る。

インタビュー

> 4段落　　　　　　　　　　　　　　　　　　　　　　　非明示的な背景・意図を推測する

5. 下線部⑤は、どうしてですか。適当なものを選びなさい。

 a. 計画を変更しなければならないから
 b. 時間が足りないから
 (c.) 行動に移さないから
 d. 現状との差が大きすぎるから

> 7段落　　　　　　　　　　　　　　　　　　　　　　　論理展開を予測・把握する

6. 下線部⑦で、渡邉氏はなぜ焦らないと言っていますか。（　　）に適当な言葉を書きなさい。

 夢を叶えるための（　明確　）があり、（　今日やるべきこと　）がはっきり分かっているから

> 4～7段落　　　　　　　　　　　　　　　比較・対照する　　構造・法則性を把握する

7. 下線部⑧、下線部⑨は、それぞれどういう状態を指しますか。適当なものを全て選びなさい。

 千店というのが漠然とある：　　d
 千店にするための計画がある：　　b, c

 a. 年をとってしまった状態
 b. 夢に日付を入れた状態
 c. 今日の現実を変えようとしている状態
 d. 「いつか叶ったらいいな」という状態
 e. 現実に夢が叶った状態

> 9段落　　　　　　　　　　　　　　　　　　　　　アナロジー・比喩がわかる

8. 渡邊氏は最後の発言で、何を変えてもいいと言っていますか。また、何を変えてはいけないと言っていますか。適当なものを全て選びなさい。

　　　変えてもいいもの：＿＿＿b＿＿＿＿＿

　　　変えてはいけないもの：＿＿a、f＿＿＿

　a. 現実に夢を叶える日
　b. 計画
　c. 夢に日付を入れた日
　d. 夢の実現に向けての計画を立てた日
　e. 夢をイメージした日
　f. 夢をイメージの中で叶えてから現実に叶えるまでの日数

> 全体　　　　　　　　　　　　　　　　　　　　　明示的な主張・意図を把握する

9. 渡邊氏は夢を叶えるためには何が大切だと言っていますか。適当なものを選びなさい。
　(a.) 夢の期限を決めること
　b. 若いときに長期計画を立てること
　c. 一度決めた計画を変えないこと
　d. 夢をたくさん持つこと

第6課 いつも学びがある

患者からも学ぶ。それを伝える役割がある。

読む前に

1. あなたは、どんな人が名医だと思いますか。
2. あなたは、90歳になったとき、どうしていると思いますか。

学習目標

できること 1　新聞・雑誌のコラムや解説文、教養書を読んで、詳細な事実関係や現状、展望、背景、因果関係、理由、根拠などが把握できる

できること 2　伝記やドキュメンタリーを読んで、描かれた人物の特徴が把握できる

この課で身につけるスキル

評価してみよう！

スキル	タスク番号	自分でわかった	授業でわかった
メタ・コンテンツを把握する	【全体1】		
明示的な主張・意図を把握する			
・日野原医師が何を後進に伝えようとしているのかを把握する	【認知4】		
非明示的な背景・意図を推測する			
・「その2週間後、女性は他界した」という意図が分かる	【認知3】		
・「それは、必ず……に決まっている」という意図が分かる	【認知5】		
直接的・間接的引用に注意する			
・女性患者の発言に注目して、日野原医師の言動に対する女性の反応を把握する	【認知2】		
複数の情報を関連付ける			
・日野原氏の医師としての決意と、その具体的表れである女性患者に対する言動を関連付ける	【認知1】		
・日野原流医療の真骨頂と女性患者の反応を関連付ける	【認知2】		

聖路加国際病院理事長　日野原重明

いつも学びがある

患者からも学ぶ。それを伝える役割がある。

テレビ東京報道局（編）（『ガイアの夜明け —不屈の100人—』日本経済新聞出版社 2007）

　その医師の1日は、毎朝30分間の体操から始まる。この日の睡眠時間は3時間。「1日18時間働いているが、疲れたという感じはない。朝起きても『ああ、疲れた』なんていう動作をする暇がない。飛び起きて、朝の行動に入るから」。こう語るのは、聖路加国際病院理事長の日野原重明さん。93歳の現役医師だ。

　1911年(明治44年)生まれの日野原さんは子供のころから医師を志し、1932年に京都大学医学部に入学。しかし大学生活1年目に悲劇が襲う。当時"死の病"とされていた結核を患ってしまったのだ。闘病生活の中、日野原さんは「もし健康な体に戻れたなら、患者のために精一杯尽くす医師になろう」と決意した。日野原さんの医療の原点だという。

　日野原さんは患者とのふれあいを大切にしている。取材の日、日野原さんが向かったのは末期がんの患者が入院しているホスピス病棟。テレビなどでも活躍している日野原さんにぜひ会いたいと言っている70歳の女性患者を訪ねた。

　ベッドの傍らに座った日野原さん、女性が鼻に酸素を送るチューブを着けているのに目をとめる。「私が診察している間だけ、酸素のチューブをはずすことができますか。その方が話をしやすいから。あなたも楽でしょう？」と問いかけ、はずしてもらう。女性は「ああ、楽です。はずしているのにぜんぜん苦しくないです」と、表情も少し和らいだ様子だ。そして日野原さんは「人と会うときや食事のときは、はずした方がいい。食事中もチューブをはずして食べた方がおいしいよ」と優しく語りかける。

　患者の気持ちを考え、心を和らげるこうした言葉こそが、①日野原流医療の真骨頂。じっくり話をしたあと、女性は最後に「嬉しいです。きょうは最高です。命をいただいて、本当に」と言って日野原さんと握手を交わした。②その2週間後、女性は他界した。

6　医師になって68年間、生と死を見つめ続けてきた日野原さんは「いつも学びがある。患者からも学ぶ」と語る。そして今、日野原さんは自らが学んできたことを後進に伝えようと、日々の仕事の中で若い医師たちに言葉の技術を伝授しようとしている。

7　日野原さんに、ひとつの質問をしてみた。「③第二、第三の日野原重明は生まれますか？」。日野原さんは即座にこう答えた。④「それは、必ず生まれてくるに決まっている」。

■全体把握■

1. この文章のメタ・コンテンツは何ですか。{ }の中から適当なものを選びなさい。

> メタ・コンテンツを把握する

93歳の現役医師日野原重明（ひのはらしげあき）の {a. 医療事故（じこ）　b. 闘病生活の状況（とうびょう）　c. 医療の原点} と

{a. 日野原流医療の真骨頂（しんこっちょう）　b. 日野原流医療の功罪（こうざい）　c. 日野原流長生きの秘訣（ひけつ）} の

{a. 批判（ひはん）　b. 紹介　c. 分析（ぶんせき）}

2. 文章の種類は何ですか。適当なものを選びなさい。

a. 人物紹介　b. 履歴書（りれきしょ）　c. 伝記　d. 小説

■言語タスク■

> 1段落

1. 日野原医師の毎日の生活について正しいものはどれですか。適当なものを選びなさい。

(1) 睡眠時間（すいみん）　{a. 非常に長い　b. ふつう　c. 非常に短い}
(2) 労働時間　{a. 非常に長い　b. ふつう　c. 非常に短い}
(3) 疲労感　{a. ひどい　b. ふつう　c. ない}

> 全体

2. 日野原医師の略歴について、（　）に適当な言葉を書きなさい。

1911	（生まれた）
子供のころ〜	将来（医師）になりたいと考えていた。
1932	京都大学（医学部）に入学した。
1932ごろ	当時"死の病"といわれていた（結核）を患い、（闘病）を経験。
現在	医師生活を（　）年続けて現在に至（いた）る。

> 2段落

3. 日野原医師の医療の原点は、いつどんな時ですか。適当なものを選びなさい。
    a. 子供のころ医師になりたいと考えたとき
    (b). 結核の闘病生活の中
    c. ホスピス病棟で末期がんの患者と話をしたとき

> 2段落

4. 日野原医師は闘病生活の中で、どのような決意をしましたか。

   医師になろう

> 5段落

5. 下線部①は、どのようなことですか。

   患者の気持ちを考え、心を和らげる言葉だ

> 7段落

6. 下線部③は、どのような意味ですか。適当なものを選びなさい。
    a. 聖路加国際病院の次期理事長
    (b). 日野原流医療を行う後進の医師たち
    c. 日野原重明の子供
    d. 日野原流医療を理解する患者たち

■認知タスク■

> 3〜5段落　　　　　　　　　　　　　　　　　　　　　複数の情報を関連付ける

1. 日野原流医療の真骨頂は、ホスピス病棟の女性患者に対する日野原医師の具体的言動にどのような形で表れていますか。

   <手書き> 食事中もチューブをはずして食べた方がおいしいと優しく語りかけること。</手書き>

> 3〜5段落　　　　　　　　　　　直接的・間接的引用に注意する　　複数の情報を関連付ける

2. 日野原医師の具体的言動に対して、ホスピス病棟の女性患者はどのような気持ちを表しましたか。

   <手書き> ありがとう と うれしい という気持ちを
   感謝 </手書き>

> 5段落　　　　　　　　　　　　　　　　　　　　　非明示的な背景・意図を推測する

3. 下線部②は、何を示していますか。適当なものを選びなさい。

   a. 治療に失敗し、女性を救えなかったということ
   b. 女性が満足して安らかな死を迎えたということ
   c. 最後まで延命のための治療を続けたということ
   d. 現代の医学ががんの治療には無力だということ

> 5〜6段落　　　　　　　　　　　　　　　　　　　　明示的な主張・意図を把握する

4. 日野原医師が後進に伝えたいのは、どのような言葉の技術ですか。（　　）に適当な言葉を書きなさい。

   （　　　　　　　　　　　　　　　　）言葉の技術

51

> 7段落　　　　　　　　　　　　　　　　非明示的な背景・意図を推測する

5. 下線部④は、日野原医師の何を示していますか。適当なものを選びなさい。

a. 明るく前向きな信念
b. 話題そのものへの不快感
c. 自分は特別でないという謙虚さ
d. なぜ当然のことを聞くのかという疑問

第7課 「早朝時間」のフル活用で成功した人たち
せいこう

読む前に

1. あなたは、朝型ですか。夜型ですか。
2. 時間がたりないと感じたことはありますか。
3. 時間の使い方について工夫していることはありますか。

学習目標

できること 1 | 新聞・雑誌のコラムや解説文、教養書を読んで、詳細な事実関係や現状、展望、背景、因果関係、理由、根拠などが把握できる

できること 2 | 自己啓発書の一節を読んで、筆者の提案とその根拠が把握できる

この課で身につけるスキル

評価してみよう！

	タスク番号	自分でわかった	授業でわかった
メタ・コンテンツを把握する	【全体1】		
論理展開を予測・把握する			
● 筆者が「早朝時間を使わない手はない」と考える理由を把握する	【認知4】		
明示的な主張・意図を把握する			
● 筆者の言う「成功者」が何を指すかを把握する	【認知2】		
● 文章全体での筆者の主張を把握する	【認知5】		
比較・対照する			
● 前向きに時間を作る行動（成功につながる行動）と後ろ向きな行動を対比する	【認知1】		
● 夜に時間を作ることと、朝に時間を作ることを比較する	【認知4】		
● 成功につながる行動と、そうでない行動を比較する	【認知6】		
何の例かを把握する			
●「流通業界で活躍する営業マンＩは、……無事完走することに成功した」の部分が何の例かを把握する	【認知3】		

≪関連語彙と表現≫
○「早朝」… 朝型人間・早朝時間の活用・早起き・朝のひととき・早朝出勤
○「成功」… 努力は〜実った・合格を果たした・成果を上げた

「早朝時間」のフル活用で成功した人たち

箱田忠昭（著）（『頭のいい「時間」術』三笠書房＜知的生きかた文庫＞2006）

　「あれもしたい、これもしたい」と願望だけは持っているものの、いざ行動を起こすという段になって決まって「時間がない」と言う人がいる。

　本人は、忙しくて①それどころではないと言うが、本当にそうだろうか？「時間がない」のではなく、「時間の使い方」、それ以前に「時間」に対する考え方そのものに問題がある。

　「時間がない」と諦めるのは簡単である。そうではなく、どんなに忙しくても「なんとか時間をつくれないか」と前向きに考えられるかどうかで、その後の行動はもちろん、②結果は大きく変わるのだ。

　たとえば、ビジネスで成功を収めている大半の人は、朝から晩まで猛烈に忙しい。週末であっても、何かと予定が立て込んでいる人は多い。③重要なポストに立つ人であればあるほど、そうした傾向は顕著だ。

　しかし、だからと言って、「時間がない」などと不満を漏らしはしない。むしろ、積極的に時間を捻出する努力をするものである。

　たとえば、「早朝時間」の活用がいい例だ。多くの④成功者たちは早起きを実践し、手つかずの朝のひとときを有効に使うことで多くのチャンスをものにしてきた。

　その代表とも言えるのが、日産自動車をＶ字回復させた立役者のカルロス・ゴーン氏である。

　ゴーン氏は、社員の誰よりも早い午前七時過ぎには出社をすることで有名だ。オフィスにつくと、まず株価やメールを手早くチェックする。続いて、その日のスケジュールに目をやり、重要案件について考えを巡らすのである。

　早朝のこのひとときが、ゴーン氏にとって研ぎ澄まされた時間となる。彼が次々と打ち出す経営戦略の秘密は、この早朝時間の活用に秘密があると言っても過言ではない。

55

10　ちなみに、ゴーン氏の影響で、役員たちも早朝出勤をするようになった。おかげで、⑤日産から重役出勤という言葉がなくなったそうだ。

11　他にも、トヨタ自動車の奥田碩氏や、セブン&アイHLDGS.の鈴木敏文氏らは、早朝からフル活動することで有名である。

12　彼らのレベルまでいかなくとも、たとえば私の周囲の成功者を見渡してみても、みな例外なく「朝型人間」だ。

13　流通業界で活躍する営業マンＩは、どんなに夜遅くまでお酒を飲んでいても、翌朝七時半には必ず出社し、仕事を開始する。訪問先を一件でも多くしようと、顧客先の始業時間にあわせた結果、早朝出勤をすることになったそうだが、その努力は年間トップセールスという形で実った。

14　大手メーカーの商品開発部の部長を務めるＦは、難関と言われる国家試験に挑戦することを決意。そのための勉強時間を、出勤前の早朝一時間と決め、一年半頑張り抜いた。その結果、見事合格を果たした。

15　また、地方銀行に勤務するＨは、フルマラソンに挑戦するため、早朝のランニングを自らに課した。一年後、初めて挑戦する42.195キロを、無事完走することに成功した。

16　このように、早朝時間を有効に利用することによって、⑥多大な成果を上げた例は枚挙にいとまがない。

17　考えてみれば、当然である。忙しいビジネスマンにとって、早朝こそは誰にも邪魔されない自分の時間を確保できる貴重な時間帯なのだから。

18　それに、心身ともにスッキリしているから、物事がはかどる。自分の時間は勤務後に確保するという人もいるかもしれないが、夜は残業で潰れたり、接待やつき合いがあったりと、何かと邪魔がはいるし、何よりも一日の疲れが溜まる。

19　そんな状態で、無理に勉強をしたり、趣味に取り組んだとしても、とても成果を望めはしない。

20　こんな時は、思い切って風呂に入り、すぐに寝てしまった方がいい。その分、早起きすれば、早朝一時間程度の自由時間は誰でも確保できるものだ。前日の疲労が回復

したところで、思う存分、仕事に取り組む、あるいは勉強や趣味の時間に費やせばいいのである。

　朝の時間は、夜の時間の2、3倍に匹敵すると言われるが、実際に物事に取り組む上で、⑦これほど集中力を発揮しやすい時間帯もない。

　こうして見ると、⑧早朝時間を使わない手はない。いつもより一時間、いや最初は45分でも30分でも構わない。とにかく、早朝の時間を確保する習慣を身につけることが大切である。

　もちろん、早朝時間で何をするかという目的を明確にすることを忘れてはならない。勉強なら勉強と、目的を明確にしておかないと、せっかく早起きをしてまで時間をつくったのに、漫然とテレビを眺めて過ごすといったことになり兼ねないからだ。

　そこを、改めて強調しておきたい。

■全体把握■

1. この文章のメタ・コンテンツは何ですか。{　}の中の適当なものを選びなさい。また、（　）に適当な言葉を書きなさい。　　　　　　　　　　　📖 メタ・コンテンツを把握する

　　{a. 読者へのメッセージ　b. 実践例　c. 体験談}をまじえた（　　　　　）時間有効利用の

　　{a. 勧め　b. 願い　c. 理想像　d. 実態}

2. 文章の種類は何ですか。適当なものを選びなさい。

　　a. 人物紹介　　b. 自己啓発書　　c. 伝記　　d. レポート

3. この文章はどのような人たちを主な対象読者としていますか。適当なものを選びなさい。

仕事や人生において　{ a. すでに成功している / b. 成功の秘訣を求める / c. 成功をあきらめている / d. 現状に満足している }　{ a. 主婦 / b. 学生 / c. ビジネスマン / d. 高齢者 }

■言語タスク■

> 2段落

1. 下線部①は、どのような意味ですか。適当なものを選びなさい。

　　a. したいことはあるが、それをする場所がない。

　　b. 自分のしたいことよりも、他に優先することがある。

　　c. したいことはあるが、する元気がない。

　　d. したいことがたくさんありすぎて困る。

> 4段落

2. 下線部③の内容と合っているものを選びなさい。

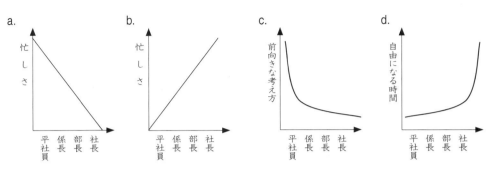

> 4〜5段落

3. 5段落目は誰について書かれたものですか。適当なものを選びなさい。

a. 筆者

b. 「あれもしたい、これもしたい」と願望を持っているが、行動するとなると決まって「時間がない」という人

c. 「なんとか時間をつくれないか」と前向きに考えられない人

d. ビジネスで成功を収めている大半の人

> 7〜10段落

4. カルロス・ゴーン氏は、何の代表例ですか。適当なものを選びなさい。

a. やりたいことがたくさんあるのに、「時間がない」と諦める人

b. 早朝時間を活用して多くのチャンスをものにしてきた成功者

c. 日本の大きな企業の社長

d. トヨタ自動車の奥田碩氏の友人

> 10段落

5. 下線部⑤の「重役出勤」とはどのような意味ですか。適当なものを選びなさい。

a. 始業時間ちょうどに出勤すること

b. 始業時間より早く出勤すること

c. 始業時間より遅く出勤すること

d. 役員は出勤しないこと

> 10 段落

6. 下線部⑤から、どのようなことがわかりますか。適当なものを全て選びなさい。

    a. 役員も始業時間までに出勤するようになった。

    b. 役員も始業時間より遅く出勤するようになった。

    c. 日産の社員の間で、役員は早く出勤するものだというイメージがなくなった。

    d. 日産の社員の間で、役員は遅く出勤するものだというイメージがなくなった。

> 13～15 段落

7. 13段落目から15段落目に登場する人たちは、それぞれどのように早朝時間を活用しましたか。（　　）に適当な言葉を書きなさい。

	＜目的＞	＜使い方＞	＜結果＞
営業マン I	（　　　　）	仕事	（　　　　）
商品開発部 部長　F	国家試験に挑戦	（　　　　）	（　　　　）
地方銀行 勤務　H	（　　　　）	（　　　　）	完走した

> 16 段落

8. 下線部⑥は、どのような意味ですか。適当なものを選びなさい。

    a. 多大な成果を上げた例はまあまあある。

    b. 多大な成果を上げた例はたくさんある。

    c. 多大な成果を上げた例はほとんどない。

    d. 多大な成果を上げた例はひとつもない。

> 21 段落

9. 下線部⑦は、どのような意味ですか。適当なほうを選びなさい。

    a. 朝の時間は最も集中しやすい

    b. 朝の時間は最も集中しにくい

> 22 段落

10. 下線部⑧は、どのような意味ですか。適当なものを選びなさい。

　　a. 早朝時間を使う人はたくさんいる。
　　b. 早朝時間を使う人はいない。
　　c. 早朝時間を使わなければ損だ。
　　d. 早朝時間は使わない方がよい。

> 22〜24 段落

11. 筆者は、早朝時間を活用する際、何が大切だと言っていますか。適当なものを全て選びなさい。

　　a. 早朝に、どれだけ長く自分の時間が持てるかが大切だ。
　　b. 早朝に、自分の時間を作る習慣を身につけることが大切だ。
　　c. 早朝時間に何をするかをはっきりさせておく必要がある。
　　d. することがなくても、毎日同じ時間に起きることが大切だ。

> 全体

12. ゴーン氏らのように、早朝時間を活用する人のことを、筆者は何と呼んでいますか。本文から4文字で抜き出しなさい。

□□□□

■認知タスク■

> 3～5段落　　　　　　　　　　　　　　　　　　　　　　　　　比較・対照する

1. 下線部②は、どのように変わるのですか。（　）に適当な言葉を書きなさい。また、{　}の中の適当な言葉を選びなさい。

	行　動	結　果
前向きに考える人	（　　　　　　　）努力をする	成功{ する ・ しない }
諦める人	（　　　　　　　）と不満を漏らす	成功{ する ・ しない }

> 6段落　　　　　　　　　　　　　　　　　　　　　　　　明示的な主張・意図を把握する

2. 下線部④は、どのような人を指しますか。適当なものを選びなさい。

a. お金持ちになった人
b. 仕事で成功して出世した人
c. 仕事や趣味など、自分の設定した目標を達成した人
d. 自分の時間を上手に作っている人

> 13～15段落　　　　　　　　　　　　　　　　　　　　　何の例かを把握する

3. 13段落目から15段落目までは何が書かれていますか。適当なものを選びなさい。

a. 筆者の身近にいる、早朝時間を活用して成功した人たちの例
b. 筆者の身近にいる、早朝時間を活用して失敗した人たちの例
c. 筆者の考える最も効率的な早朝時間活用のアイデア
d. 日本の平均的なビジネスマンのスケジュール

> 17～21段落　　　　　　　　　　　論理展開を予測・把握する　　比較・対照する

4. 筆者はなぜ下線部⑧のように考えたのでしょうか。{　}の中の適当な言葉を選びなさい。また、（　）に適当な言葉を書きなさい。

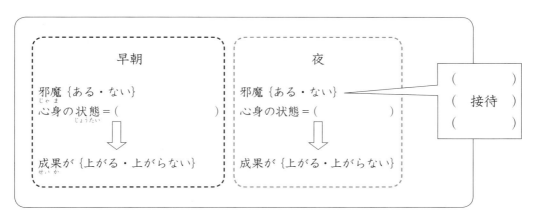

> 全体　　　　　　　　　　　　　　　　　　　明示的な主張・意図を把握する

5. 筆者の主張として、適当なものを選びなさい。

    a. 成功するためには早起きすることが大切だ。
    b. 成功するためには誰にも邪魔されない時間を作ることが大切だ。
    c. 早朝時間を有効に活用することが成功する秘訣だ。
    d. 重要なポストについている人だけが早朝時間を利用しているのは、いいことだ。

> 全体　　　　　　　　　　　　　　　　　　　　　　　比較・対照する

6. テキストの内容からいうと次の行動は成功につながる行動ですか。成功につながる行動には○、つながらない行動には×を書きなさい。

  (1)（　）どんなに忙しくても「なんとか時間をつくれないか」と前向きに考える
  (2)（　）自分の時間は勤務後に確保する
  (3)（　）自分の時間は早朝に確保する
  (4)（　）「時間がない」と不満を漏らす
  (5)（　）「時間がない」と諦める
  (6)（　）確保した時間に何をするかを明確にしておく
  (7)（　）確保した時間に漫然とテレビを見て過ごす

第 8 課 緑のカーテン

読む前に

1. あなたのふるさとは、どんな気候ですか。
2. ふるさとでは、とても暑い時期に涼しくするような工夫がありますか。また、寒い時期に暖かくするような工夫がありますか。
3. あなたの部屋にはカーテンがありますか。どんなカーテンですか。また、何のためにカーテンをつけていますか。

学習目標

できること 1 | 新聞・雑誌のコラムや解説文、教養書を読んで、詳細な事実関係や現状、展望、背景、因果関係、理由、根拠などが把握できる

できること 2 | 新聞のコラムや特集記事を読んで、取り上げられた事象の現状、展望、原因、問題点などが把握できる

この課で身につけるスキル

評価してみよう！

スキル		タスク番号	自分でわかった	授業でわかった
メタ・コンテンツを把握する		【全体1】		
特定の情報のみを抽出する				
	●「涼しげな風景」が具体的に何を指すかを把握する	【認知1】		
原因と結果の関係を把握する				
	● 暑さ軽減・省エネなどの効果が、緑のカーテンのどのような側面から生じるかを把握する	【認知4】		
非明示的な背景・意図を推測する				
	●「昨年は一部の階で試験的に行い」というのが何を調べるためなのか、目的を把握する	【認知3】		
	● この話題を紹介した筆者の意図を把握する	【認知5】		
アナロジー・比喩がわかる				
	●「緑のカーテン」という比喩が何を指すかがわかる	【認知2】		

≪関連語彙と表現≫ ○「植物」… 朝顔・ツル・3000株・緑・ヘチマ・キュウリ・ゴーヤー

緑のカーテン

『西日本新聞』2007年8月10日朝刊「春秋」

　気象庁は今年から気温35度以上を「猛暑日」と呼んでいる。この夏、列島各地は繰り返し猛暑日に見舞われている。一昨日の「立秋」もそうだった。痛いほどの日差しはしばらく続くのだろう。

　①涼しげな風景に出合うとほっとさせられる。職場の近くで毎日、目にすることができる。福岡市役所の本庁舎だ。広場に面した2階から14階までが、「朝顔のカーテン」に覆われている。

　朝顔にかぎらず、「緑のカーテン」が②その内側の気温を下げる効果があると知れば涼感が増す。日差しがさえぎられるだけではない。葉から水分が蒸発するときにその辺の熱を奪ってくれるそうだ。

　福岡市役所の朝顔のカーテンは今年で2回目。昨年は一部の階で③試験的に行い、効果を確認したうえで今夏は壁面いっぱいにツルをはわせた。各階ベランダに計約3000株を植えたという。

　カーテンが暑さを和らげる分、室内の冷房使用が抑えられて省エネ(注1)にも資する。植物を育てる楽しさも加わって気持ちもやすらぐ。というわけで、一部の区役所のほか、市内の商業施設ビルなどでも緑のカーテンをあつらえたところがいくつかある。

　全国的に④増加中。公共施設や小中学校が多い。朝顔のほかにヘチマ、キュウリ、ゴーヤー…。⑤いろいろある。先進地東京の小学校では、緑のカーテンに覆われた室内とカーテンの外側とでは「体感温度(注2)」の差が「最大6度」という調査結果も報告されている。

(注1) 省エネ：省エネルギー。無駄をなくしたり効率を高めたりして、電力などのエネルギー消費を抑えること。
(注2) 体感温度：人が感じる暑さ・寒さの温度感覚を数量的に表したもの。気温に風速・湿度・日射などの要素を組み合わせて算出する。

■全体把握■

1. この文章のメタ・コンテンツは何ですか。{ }の中から適当なものを選びなさい。また、( )の中に適当な言葉を書きなさい。

　　📷 メタ・コンテンツを把握する

　{a. 季節の話題　b. 時事問題　c. 観光名所} としての福岡市役所などの(　　　　　)
　と、その {a. 人気の秘密　b. 利点と欠点　c. 広がりと効果} の紹介

2. 文章の種類は何ですか。適当なものを選びなさい。

　　a. 新聞記事　　b. 白書（政府の公開報告書）　　c. 論文　　d. 専門書

■言語タスク■

>1段落

1. 次の a.～d. で 35 度以上でないのはどれですか。適当なものを選びなさい。

　　a. 34.9℃　　　b. 35.0℃　　　c. 35.1℃　　　d. 36.0℃

>2段落

2. 朝顔のカーテンは本庁舎のどの壁面にありますか。a～d から選びなさい。

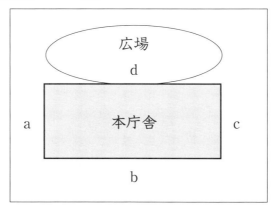

> 3段落

3. 下線部②は、どのような意味ですか。適当なものを選びなさい。

　　a. 内側の気温が下がれば、実際に涼しくなるはずだ。
　　b. 涼しく感じるのは、内側の気温が下がるからだ。
　　c. 効果があると聞くと、ますます涼しい気がする。
　　d. 効果があるかどうかわからないが、涼しい気がする。

> 6段落

4. 下線部④は、何が増加中ですか。

_____

> 6段落

5. 下線部⑤は、何がいろいろありますか。適当なものを選びなさい。

　　a. 緑のカーテンとして植える植物
　　b. 緑のカーテンで採れる野菜
　　c. 緑のカーテンを作っている学校
　　d. 緑のカーテンの柄（がら）

> 全体

6. テキストの内容と合っているものには○、合わないものには×を書きなさい。

　　a. （　）緑のカーテンの外側と内側では気温が6度も違う。
　　b. （　）緑のカーテンは朝顔だけではない。
　　c. （　）毎年立秋が一番暑い猛暑日（もうしょび）になる。
　　d. （　）緑色のカーテンは日差しをさえぎり、熱を奪う（うば）効果がある。

> 全体

7. 筆者がしたこととして、適当なものを選びなさい。

　　a. 福岡市役所の本庁舎のベランダに3000株の朝顔を植えた。
　　b. 福岡市役所の本庁舎のベランダにある朝顔のカーテンを見た。
　　c. 緑のカーテンが熱を奪うということを実験して確かめた。
　　d. 緑のカーテンに覆われた部屋の内側と外側の温度を調査した。

■ 認 知 タ ス ク ■

> 2段落　　　　　　　　　　　　　　　　　　　　　　　　　　　　　　特定の情報のみを抽出する

1. 下線部①、筆者が毎日見る「涼しげな風景」とは何ですか。

_____

> 2～4段落　　　　　　　　　　　　　　　　　　　　　　　　　　　　　アナロジー・比喩がわかる

2. 緑のカーテンとはどのようなものですか。適当なものを選びなさい。

a. 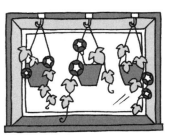　　b.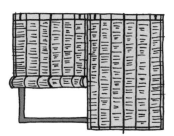

c. 　　d.

> 4段落　　　　　　　　　　　　　　　　　　　　　　非明示的な背景・意図を推測する

3. 下線部③は、何を調べるために行いましたか。（　）に適当な言葉を書きなさい。

（　　　　　　　　　　　　　　　　　　　　　）効果があるかどうかを調べるため。

> 全体　　　　　　　　　　　　　　　　　　　　　　原因と結果の関係を把握する

4. 緑のカーテンには、どのような効果がありますか。（　）に適当な言葉を書きなさい。

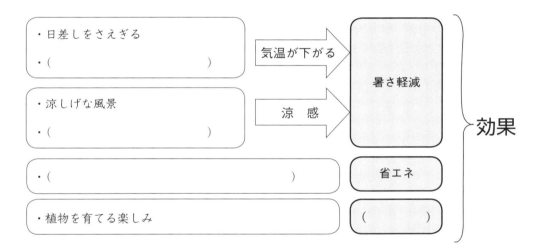

> 全体　　　　　　　　　　　　　　　　　　　　　　非明示的な背景・意図を推測する

5. 筆者がこの話題を紹介した意図は、何だと考えられますか。適当なものを選びなさい。

a. 今年の暑さは異常で、エアコンが効かず、緑のカーテンが広がるほどだ。
b. 日本の省エネ政策は遅れており、緑のカーテンの導入を推進するべきだ。
c. 緑のカーテンには多くの効果があるから、どんどん広がっていくといい。
d. 緑のカーテンの「効果」は気分だけで、根本的な問題解決にはならない。

第9課 環境立国ニッポンの挑戦

第1章 水資源（4）進む廃水浄化 再利用「当たり前」

読む前に

1. この文章は、産経新聞が特集した「環境立国ニッポンの挑戦」というシリーズの「第1章 水資源」の中の一部です。この「環境立国ニッポンの挑戦」という言葉から、どういう内容のシリーズか推測してみてください。

2. 「水資源」に関係する問題としてどのようなものがあると思いますか。

学習目標

できること 1　新聞・雑誌のコラムや解説文、教養書を読んで、詳細な事実関係や現状、展望、背景、因果関係、理由、根拠などが把握できる

できること 2　新聞のコラムや特集記事を読んで、取り上げられた事象の現状、展望、原因、問題点などが把握できる

この課で身につけるスキル

評価してみよう！

	タスク番号	自分でわかった	授業でわかった
メタ・コンテンツを把握する	【全体1】		
テーマを把握する	【認知1】		
特定の情報のみを抽出する			
・エプソンの酒田事業所の廃水処理の利点を抽出する	【認知3】		
・特許を取ったのが何のノウハウかという情報を抽出する	【認知4】		
比較・対照する			
・日本と中国の廃水リサイクルの現状を把握し、その相違点がわかる	【認知7】		
原因と結果の関係を把握する			
・中国の都市部で地盤沈下が進んでいる原因を把握する	【認知5】		
・地盤沈下の原因から考えて、廃水浄化技術の導入が、なぜ地盤沈下に効果を発揮するのかを把握する	【認知6】		
非明示的な背景・意図を推測する			
・釣り人のコメントが書かれた意図を推測する	【認知2】		

環境立国ニッポンの挑戦
第1章　水資源（4）進む廃水浄化　再利用「当たり前」

『産経新聞』2008年1月23日

　江戸時代、大阪と北海道を結んだ北前船の寄港地として栄えた山形県酒田市。セイコーエプソン酒田事業所は、山形の象徴である最上川の河口にほど近い場所にある。東京ドームの11倍以上、54ヘクタールの敷地には4棟の生産工場が並び、半導体やインクジェットプリンターの部品を製造している。

　工場では、白い防塵服に身を包んだ作業員が見守る先で、次々に半導体が生み出されていく。その輝きは時に宝石のようにもみえるが、生産の過程では硫酸やアンモニアなどの化学物質が大量に使われる。

　工場から出る廃水は1日数千トン。夏になると海水浴客や地引き網体験を楽しむ子供たちでにぎわう日本海に注ぎ込む。近くの岸壁では、太公望（注）が冬空の下でも夜釣りを楽しむが、エプソンが廃水を海に流していることに、①釣り人は「そうなの？」と意にも介さない。

　毒性の強い劇物は事業所内の廃水浄化装置を使って徹底的に取り除かれ、日本海への放出段階では水質汚濁防止法上の基準を大幅に下回っているからだ。「最上川の水よりきれいにする、との意気込みで浄化に取り組んでいますから」。エプソン酒田事業所の②斎藤宏主任の表情は誇りに満ちていた。

　酒田事業所では、不純物を除去した廃水の半分以上を工場内で再利用しているが、それだけではない。半導体の製造過程で大量に使うフッ化水素を廃水から抽出し、再利用しているのだ。フッ化水素が大量に混ざった廃水は回収装置に流し込まれ、炭酸カルシウムと反応させてフッ化カルシウムを生成する。

　これにより処理費のかかる汚泥の量を半分以下に減らせるうえ、「運送費程度のわずかな値段」とはいえ、フッ化カルシウムをフッ化水素の原料として他社に売却できるようになった。

7　フッ化カルシウムの純度を高いレベルで一定化するには、廃水の状態に合わせて反応時間を微妙に調整する必要がある。このため、実用化には「8年の試行錯誤を経た」（斎藤主任）が、③そのノウハウによって特許も取得した。

8　廃水を浄化し、再利用しているのはエプソンだけでない。水処理最大手の栗田工業によると、「10年前から電子産業の工場では④当たり前になっている」という。世界の液晶テレビをリードするシャープの亀山工場（三重県亀山市）のように、浄水場を思わせるような巨大な浄水システムが設けられ、100％の水リサイクルを実現しているところさえある。

9　「水は限りある資源」。大量の水を使う電子産業メーカーの間では、そんな意識が深く浸透している。

10　高度成長期の日本と同様に、経済発展が続く中国ではいま、上海など都市部の地盤沈下が進んでいる。

11　急速に工業化が進んだ中国では、工業用水として大量の地下水がくみ上げられているからだ。だが、地盤沈下の理由はほかにもある。工場での廃水浄化が追い付かず、廃水が放出される河川の汚染が悪化。このため、都市部では生活用水を地下水に頼らざるを得ず、地盤沈下の進行に輪を掛けているのだという。

12　⑤こうした事態を何とか改善しようと、北京市では1998年から四つ星、五つ星の高級ホテルに対し、廃水浄化装置の設置を義務づけている。2006年10月に北京市内にオープンした「ザ・リッツ・カールトン北京ファイナンシャル・ストリート」では東レの精密濾過膜を使った廃水浄化装置を設置した。一度使用した水のうち、29％を噴水やトイレの水に再利用することで、年間7万7000元（約115万円）のコスト削減につなげているという。

13　また、中国内の工場でも電子産業を中心に水リサイクルは徐々に浸透。栗田工業はこの10年で、中国国内の十数カ所の工場に水リサイクル装置を納入した。劇物が混ざった工場廃水を川の水よりもきれいにできる日本の廃水浄化技術。⑥導入がさらに進めば、中国の地盤沈下にも効果を発揮するに違いない。

（注）太公望：中国の故事から「釣り人」の意。

■全体把握■

1. この文章のメタ・コンテンツは何ですか。{ }の中から適当なものを選びなさい。

📷 メタ・コンテンツを把握する

{ a. 日本の廃水浄化・再利用技術 / b. 中国の河川の水質汚濁 / c. アジア全体の水不足 } による { a. 経済への影響 / b. 深刻な健康被害 / c. 廃水リサイクル } の { a. 責任追及 / b. 現状紹介 / c. 不安表明 }

2. 文章の種類は何ですか。適当なものを選びなさい。

　　a. 科学記事　　b. 特集記事　　c. 研究論文　　d. 解説書

■言語タスク■

> 1〜7段落

1. 次の表は、「セイコーエプソン酒田事業所」の概要です。（　）に適当な言葉を書きなさい。また、{　}の中の適当な言葉を選びなさい。

所在地	（　　　）県　（　　　）市
立地条件	{ 市街地　・　山中　・　河口付近 }
敷地面積(ha)	（　　　）ha
生産工場数(棟)	（　　　）棟
主要製品	①（　　　　　　　） ②（　　　　　　　）
生産工程で使用されている化学物質	①（　　　　　　　） ②（　　　　　　　）
処理済廃水の放出先	（　　　　　　　）
廃水浄化装置 ア．処理量(トン／日) イ．処理レベル ウ．廃水の再利用率	（　　　）トン { 高い　・　低い } （　　　　）
廃水から生成されるもの	（　　　　　　　）

> 4段落

2. 下線部②で、斎藤主任が誇りに思っていることは何ですか。適当なものを選びなさい。

 a. ふるさとで大きな会社につとめていること
 b. 工場廃水を川の水よりきれいにしていること
 c. 河川の浄化という重要な仕事をしていること
 d. 社会のためになる製品を生産していること

> 8段落

3. 下線部④は、何が当たり前になっているのですか。適当なものを選びなさい。

 a. 電子産業の工場の発展と隆盛
 b. 栗田工業が水処理最大手であること
 c. フッ化カルシウムの生成技術
 d. 高レベルの廃水浄化と再利用

> 12段落

4. 下線部⑤は、何を指していますか。適当なものを全て選びなさい。

 a. 都市部における地盤沈下の進行
 b. 工業用水と生活用水を地下水に頼る現状
 c. 急速な工業化による国内の経済格差
 d. 廃水浄化の遅れと河川の汚染悪化

■認知タスク■

> 全体　　　　　　　　　　　　　　　　　　　　　　　　　　🔲 テーマを把握する

1. 水資源問題にはいろいろな側面がありますが、このテキストは何をテーマにしていますか。（　）に適当な言葉を書きなさい。

（　　　　　　　　　　　　　　　）による水資源の有効利用

> 3～4段落　　　　　　　　　　　　　　　　　　🔲 非明示的な背景・意図を推測する

2. 下線部①は、どのような意図で書かれていますか。適当なものを選びなさい。

a. 釣りを楽しんでいるのに海の水質汚濁には無関心な釣り人の態度を批判している。
b. 大企業だから環境対策に問題はないだろうという一般人の考えを表している。
c. エプソンの環境対策が地元の人々に知られていないということを示している。
d. エプソンの廃水が釣り人も気にしないほど、きれいであることを示している。

> 4～7段落　　　　　　　　　　　　　　　　　　🔲 特定の情報のみを抽出する

3. エプソンの酒田事業所の廃水浄化への取り組みにより、どのような利点がありましたか。適当なものを全て選びなさい。

a. 汚泥の処理費の節減
b. 廃水処理費用の節減
c. 廃水処理技術に関する特許の取得
d. 水処理にかかるエネルギーの節減
e. 水質汚染の防止
f. 水資源の有効利用
g. フッ化カルシウムの売却利益
h. 水質汚濁防止法の基準クリア

> 5～7段落　　　　　　　　　　　　　　　　　　🔲 特定の情報のみを抽出する

4. 下線部③は、何のノウハウですか。（　）に適当な言葉を書きなさい。

廃水の状態に合わせて、（　　　　　　　　）と（　　　　　　　　）の反応時間を微妙に調整し、（　　　　　　　　　　　　　　　　　）ノウハウ

> 10〜11 段落　　　　　　　　　　　　　　　　　　　　　原因と結果の関係を把握する

5. 中国の都市部で地盤沈下が進んでいるのはどうしてですか。適当なものを全て選びなさい。

　　a. 河川の水ではなく、地下水を生活用水として使うから
　　b. 工場が河川に廃水を放出できないから
　　c. 工業用水として大量の地下水がくみ上げられているから
　　d. 河川の汚染が悪化したため、河川の水を工業用水として使えなくなったから

> 13 段落　　　　　　　　　　　　　　　　　　　　　　　原因と結果の関係を把握する

6. 下線部⑥は、どうしてですか。適当なものを全て選びなさい。

　　a. 工業用水として使う水の量を減らせるから
　　b. 工業用水に使うコストを削減できるから
　　c. 工場を地方に移転することができるから
　　d. 生活用水として川の水も使えるようになるから

> 全体　　　　　　　　　　　　　　　　　　　　　　　　　比較・対照する

7. 日本と中国の廃水の浄化やリサイクルの現状を表しているものとして、適当なものを選びなさい。

　　日本：＿＿＿＿＿＿＿＿＿＿＿＿＿＿

　　中国：＿＿＿＿＿＿＿＿＿＿＿＿＿＿

　　a. かなり高いレベルで廃水の浄化が行われており、廃水のリサイクルも進んでいる。
　　b. かなり高いレベルの廃水浄化、リサイクルの技術を持っているが、導入されている工場は少ない。
　　c. 地盤沈下、河川の汚染などの問題を改善させるため、徐々に廃水浄化やリサイクルシステムが導入され始めている。
　　d. 地盤沈下、河川の汚染などの問題があるが、経済発展を優先させるために、廃水の浄化やリサイクルは行われていない。

第10課 渡り鳥はなぜ迷わない？

読む前に

1. 鳥といったら、どんな鳥を思い浮かべますか。知っている鳥の名前を挙げてください。
2. 「渡り鳥」とはどんな鳥ですか。
3. 渡り鳥は何のために「渡り」をするのだと思いますか。

学習目標

できること 1 | 新聞・雑誌のコラムや解説文、教養書を読んで、詳細な事実関係や現状、展望、背景、因果関係、理由、根拠などが把握できる

できること 2 | 一般向けの解説文を読んで、事実関係、背景、方法、原因、理由などが把握できる

この課で身につけるスキル

評価してみよう！

スキル	タスク番号	自分でわかった	授業でわかった
メタ・コンテンツを把握する	【全体1】		
論理展開を予測・把握する			
・渡り鳥が渡りをする理由を把握する	【認知7】		
論点を把握する			
・取材者の質問に対する端的な答えがわかる	【認知1】		
・その節の内容を示す端的なひとことがわかる	【認知3】		
・渡りをする理由として決定的な要素が何かを把握する	【認知4】		
結論を把握する			
・渡りにたいへんなエネルギーが必要かどうかの結論を把握する	【認知5】		
原因と結果の関係を把握する			
・渡り鳥が迷わずに目的地に着く方法を把握する	【認知6】		
構造・法則性を把握する			
・渡り鳥とそうでないものを区別する基準を把握する	【認知2】		
発話者を特定する			
・取材者の言葉(質問)と、取材される側の言葉(答え)を区別する	【全体3】		

渡り鳥はなぜ迷わない？

東嶋和子（著）、北海道新聞取材班（著）　（『科学・知ってるつもり77』講談社 1996)

　渡り鳥が何千キロメートルもの道のりを飛んでも、迷わずに目的地に着くのはなぜですか。そもそもなぜ渡りをするのでしょう。

　地図をもたない鳥が、なぜ大海を渡ったり、地球を横断したりできるのでしょう。渡り鳥の習性に詳しい東京大学農学部の樋口広芳教授に答えていただきました。

　どのような鳥を渡り鳥というのですか。

「季節的に往復移動する鳥が渡り鳥です。たとえば、イスカのように、ある年には渡ってきて、次の年は来なかったりするような不定期な移動をする鳥は、渡り鳥とはいいません。さらに、一般には渡り鳥といわれているツバメのなかにも、年中同じ場所にいる個体もいるし、キジバトのように本州以南では渡りをせず、北海道では渡りをする鳥もいますから、一概にどの鳥が渡り鳥と決めるのはなかなか難しいですね」

◇　　　　ア

　なるほど。渡り鳥といっても、いろいろな種類に分けられるようですが。

「おおざっぱには夏鳥、冬鳥、旅鳥に分けられます。春にある地域に来て繁殖し、夏を過ごしてから夏の終わりか秋に飛び去る鳥が夏鳥。秋に来て越冬し、春に飛び去る鳥は冬鳥。そして、繁殖や越冬はせずに通過していく鳥を旅鳥といいます」

　どんなコースで渡っているのでしょう。

「ほとんどが南北に移動する鳥、つまり北方で繁殖し、南方で越冬する鳥です。でもなかには東西に移動する鳥や、ハシボソミズナギドリのように巨大な8の字を描いて太平洋を渡る鳥もいます。キョクアジサシにいたっては、北極圏と南極圏を毎年往復しています」

6　地図も羅針盤ももたないのに、どうして行き先を間違わないのですか。

「鳥の脳には①体内時計があって、昼間は太陽の位置、夜は星座の位置を頼りにして方位を補正しながら、一定の方角へと飛んでいるようです。それだけではなく、地磁気や風向きも利用して総合的に判断していると考えられます。何千キロメートルの道程を飛んでも毎年同じ巣に帰ってくる鳥もいますが、おそらく地形を記憶しているのでしょう。じつに驚くべき能力です」

◇  イ

7　どうして渡りをするのですか。

「生存、繁殖のためにはそのほうが有利だからです。それぞれの鳥の食物は決まっていて、たとえばツバメは飛んでいる昆虫をエサにしています。日本では地域によって、冬にはツバメのエサになる昆虫がほとんどいなくなりますから、食物のある②南方へ移動して越冬するのです。しかし、南方ではもともとすんでいる鳥が多いので食物を巡る争いも激しい。そこで繁殖のため多くの食物が必要になる春から夏にかけては、再び昆虫が出現し、競合する鳥も少ない北方へ戻ります。渡りの危険を冒しても、北方で子育てするほうが有利なのです」

8　③それにしても、渡りにはたいへんなエネルギーが必要なのではありませんか。

「エネルギー源は皮下脂肪です。飛んでいる昆虫を食べるツバメなどは別ですが、多くの鳥は途中でエネルギーを補給できません。それで、渡りの前に皮下脂肪を蓄えます。シギの仲間のハリモモチュウシャクなどは、アラスカからハワイ諸島まで一気に四〇〇〇キロメートルも飛びます。渡りのたびに体重がほぼ半分になる鳥もいます。渡り鳥にはまだわからないことがたくさんあって、渡りのルートなどの研究が国際協力で進められているところです」

■全体把握■

1. この文章のメタ・コンテンツは何ですか。{ }の中から適当なものを選びなさい。

　　　メタ・コンテンツを把握する

　{a. 愛好家　b. 写真家　c. 専門家} に聞いた、渡り鳥に関する {a. 疑問への答え
　b. エピソード紹介　c. 調査結果}

2. 文章の種類は何ですか。適当なものを選びなさい。

　{a. 専門家　b. 大学生　c. 一般} 向けに書かれた、{a. 易しい　b. 専門的な　c. 学術的な}
　科学 {a. 説明書　b. 解説書　c. 実験報告}

3. 文章全体を見ると、「　」で書かれた部分と、そうでない部分があります。「　」の中には何が書かれていますか。適当なものを選びなさい。

　　　発話者を特定する

　a. 取材者の質問
　b. 取材者の質問に対する専門家の答え
　c. 取材者の質問に対して専門書から引用した答え
　d. 取材者の質問に対して論文から引用した答え

■言語タスク■

> 3段落

1. 樋口教授によると、渡り鳥とはどんな鳥のことですか。適当なものを選びなさい。

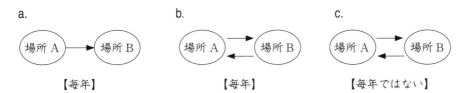

> 3段落

2. テキストの内容と合っているものを選びなさい。

    a. ある鳥が渡り鳥かどうかは、種ごとに決まっている。
    b. 毎年渡りをする鳥だけを「渡り鳥」という。
    c. ツバメの中には渡りをするツバメと、渡りをしないツバメがいる。
    d. 本州に生息するキジバトは渡りをする。

> 4段落

3. 樋口教授は、渡り鳥は大きく分けて何種類あると言っていますか。(　　) に適当な数字を書きなさい。

    (　　　　) 種類

> 4段落

4. 次の表は渡り鳥の種類をまとめたものです。(　　) に適当な言葉を書きなさい。

	来る時期　＜　何のため？　＞		去る時期
夏鳥	(　　　　)	＜(　　　　) のため＞	(　　　　)
冬鳥	(　　　　)	＜(　　　　) のため＞	(　　　　)
旅鳥	通過する		

> 5段落

5. どのような移動をする渡り鳥が一番多いですか。適当なものを選びなさい。

    a. 南北に移動する鳥
    b. 東西に移動する鳥
    c. 巨大な8の字を描いて太平洋を渡る鳥
    d. 北極圏と南極圏を往復する鳥

> 6段落

6. 渡り鳥が行き先を間違わない理由は、はっきりと解明されていますか。適当なほうを選びなさい。

   a. はっきりと解明されている
   b. はっきりとは解明されていない

> 6段落

7. 渡り鳥は、下線部①を利用して何を知りますか。

   a. 地磁気(ちじき)
   b. 風向き
   c. 方位
   d. 太陽の位置
   e. 星座の位置
   f. 地形

> 7段落

8. 下線部②は、なぜですか。

_____

> 7段落

9. ツバメがそのまま南方に定住しない理由は何ですか。適当なものを全て選びなさい。

   a. 同じ食物をめぐる競争相手が多くて繁殖(はんしょく)に不利だから。
   b. 南方は暑すぎて、繁殖・子育てに適さないから。
   c. 春から夏にかけて、南方では食物が減って充分(じゅうぶん)なエネルギーを蓄(たくわ)えられないから。
   d. 春から夏にかけては、南方よりも北方の方が食物を得やすいから。

■認知タスク■

>全体 論点を把握する

1. (1)〜(3)の取材者の質問に対して、本文の端的に答えているところに線を引きなさい。

(1) どのような鳥を渡り鳥というのですか。
(2) どんなコースで渡っているのでしょう。
(3) どうして渡りをするのですか。

>3段落 構造・法則性を把握する

2. 渡り鳥とそうでないものを区別する基準は何ですか。適当なものを選びなさい。

a. 移動の有無
b. 移動の距離
c. 移動の定期性
d. 移動する個体の率

>4〜8段落 論点を把握する

3. テキスト中の◇ ア イ には見出しがあります。適当なものを選びなさい。

ア (　　　　　)　　イ (　　　　　)

a. 旅鳥とは
b. 鳥の食物争い
c. 生存、繁殖に有利
d. 旅鳥など三タイプ

> 7段落　　　　　　　　　　　　　　　　　　　　　　　論点を把握する

4. 渡りをする理由として、決定的な要素は何ですか。適当なものを選びなさい。

   a. 気温
   b. 食物の絶対量
   c. 競合相手の絶対数
   d. 競合相手の数と食物量の相対的関係

> 8段落　　　　　　　　　　　　　　　　　　　　　　　結論を把握する

5. 下線部③の答えは、一言で言うと、「はい」ですか、「いいえ」ですか？

   はい　・　いいえ

> 全体　　　　　　　　　　　　　　　　　　　　　　　原因と結果の関係を把握する

6. 1段落目のひとつ目の疑問に対する答えをまとめると、どうなりますか。（　　　）に適当な言葉を書きなさい。

★渡り鳥が何千キロメートルもの道のりを飛んでも、迷わずに目的地に着くのはなぜ？

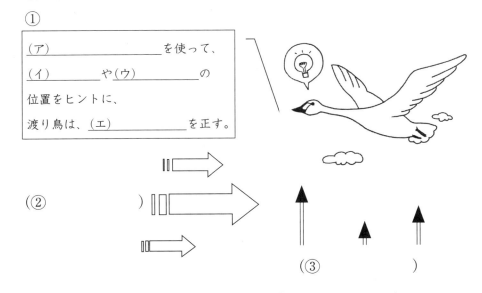

①
(ア)_____を使って、
(イ)_____や(ウ)_____の位置をヒントに、
渡り鳥は、(エ)_____を正す。

（②　　　　）

（③　　　　）

①＋②＋③で総合的に判断

渡り鳥はなぜ迷わない？

> 全体　　　　　　　　　　　　　　　　　　　　　論理展開を予測・把握する

7. 1段落目のふたつ目の疑問に対する答えをまとめると、どうなりますか。鳥の移動する方向を、矢印(A)(B)から選びなさい。また、{ 　 }の中の適当な言葉を選びなさい。

★なぜ渡りをするの？

◎ツバメの場合

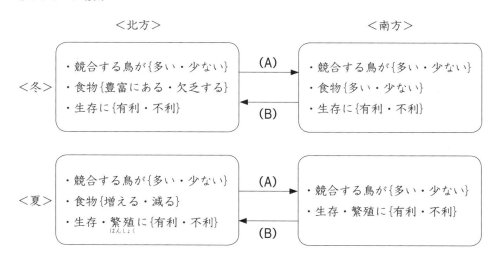

　{ 北方　・　南方 }では一年中、競合する鳥が多い。けれども、冬の間に食物を得ることは、{ 北方　・　南方 }でなら可能だが、{ 北方　・　南方 }では非常に難しい。だから、競合する鳥が{ 多くても　・　少ないから }、冬は{ 北方　・　南方 }にいる必要がある。その方が生存に有利なのだ。

　一方、春から夏は{ 北方　・　南方 }でも食物が得られる。競合する鳥が少ないため、{ 北方　・　南方 }にいるよりも{ 北方　・　南方 }にいた方が、逆にたくさんの食物が得られる。この時期は子育てのために大量の食物が必要になる。だから、{ 北方・南方 }にいた方が生存と繁殖に有利になる。

　このように、北方と南方のどちらにいた方が有利かは、季節によって変わる。そのため、危険でも渡りをするのである。

第11課 フリーズする脳
思考が止まる、言葉に詰まる

読 む 前 に

1. 突然、人の名前を思い出せなくなったり、言葉に詰まったりすることがありませんか？

2. 「ボケ」という病気は、何歳ぐらいの人に出ると思いますか？

学習目標

できること 1 　新聞・雑誌のコラムや解説文、教養書を読んで、詳細な事実関係や現状、展望、背景、因果関係、理由、根拠などが把握できる

できること 2 　一般向けの解説文を読んで、事実関係、背景、方法、原因、理由などが把握できる

この課で身につけるスキル

評価してみよう！

	タスク番号	自分でわかった	授業でわかった
メタ・コンテンツを把握する	【全体1】		
論点を把握する			
◉ 文章全体の主旨を把握する	【認知8】		
明示的な主張・意図を把握する			
◉ 「ある種の訓練」とはどのような訓練かを把握する	【認知3】		
◉ ボケ症状の治療・改善に関する筆者の主張を把握する	【認知6】		
比較・対照する			
◉ 「認知症」と「ボケ」を対照し、その相違点を把握する	【認知2】		
◉ 健康な脳と、「認知症」、「ボケ」を対照し、その相違点を把握する	【認知7】		
原因と結果の関係を把握する			
◉ ボケの原因を把握する	【認知1】		
何の例かを把握する			
◉ 「聡明だった人が定年退職後にあっさり言葉を失う例」が何の例か把握する	【認知4】		
◉ 「私の外来を訪れる患者さんたちを見ても」が何の例か把握する	【認知5】		

フリーズする脳
思考が止まる、言葉に詰まる

築山節(著)(『フリーズする脳－思考が止まる、言葉に詰まる』NHK出版＜生活人新書＞2005)

　私たちの脳では、130億個とも言われる神経細胞が、想像を絶する複雑さで回路を張り巡らせ、人間らしい高度で多種多様な活動を司っています。しかし、その機能は何もしなくても維持していられるわけではありません。骨や筋肉と同じように、脳も使わなければ衰えます。もともと脳は、神経細胞一つ一つに意味があるわけではなく、それが集団化してつくるネットワークに本質があるのですが、そのネットワークは使わなければ衰退し、無意味な細胞の集まりに戻ってしまう。簡単に言えば、①その結果として起こってくるさまざまな障害——記憶、思考、感情、注意、認識などの能力の著しい低下が「ボケ症状」です。

　私たちが当たり前のように、記憶し、それを引き出せること、言葉を話せること、聞き取れること、考えられること、感情を抑制できること、認識できること。これらの能力は、何でもないことのように見えて、じつは日常的な訓練の賜物です。その訓練を、私たちは必要に迫られて、あまりにも日常的に行っています。そのために、訓練の機会をいつの間にか失い、ボケ症状を進行させていても気づかない、ということが往々にしてあります。

　ボケとは、脳が壊れることではありません。その点で、ケガや病気などにより脳を損傷したことが原因となる認知症とは区別して考える必要があります。器質(解剖学的な性質)的には何の異常も認められないのに、脳の一部、あるいは大部分が眠ったような状態になってしまう。認知症は高齢になるほど発生しやすいと言えますが、ボケは若くても起こります。特に近年では、まだ20代、30代の若者が、②この症状を訴えて私の外来を訪れるケースが目立ってきました。③この傾向は、おそらく、社会の大きな変化と関係しています。

4　ボケていく患者さんたちを診てきて、私がもう一つ断言できると思うのは「脳は環境によってつくられている」ということです。環境がさまざまな情報や刺激、対応すべき変化を与え、知らず知らずのうちに脳を訓練させている(ここで言う環境とは、何も特別なものではありません。仕事や学校、家庭など、その人を取り巻くあらゆる物事のことです)。だから、簡単にはボケていかないし、また、その人が天性のように持っているクリエイティブな才能なども、じつは環境によってつくられているところが大きいと私は考えています。

5　ところが、環境が常にバランスのいい訓練の機会を与えてくれるとは限りません。特に現代人の生活には、脳の使い方を偏らせる要素が多分にあります。たとえば、一日中パソコンに向かっている仕事。隣の席との間はパーティションで区切られ、耳にはヘッドフォンを当てて音楽を聴いている。コミュニケーションは基本的にメールで行う。思い出す代わりのようにインターネットで検索する。計算などの雑多な思考作業は道具に任せる。そして、仕事を終えて家に帰ってくると、家族と話すこともなく、テレビを見て寝てしまう……。こういう環境の中で、脳は、④ある種の訓練の機会を劇的に失っている可能性があります。

6　ボケというと、何か特別な原因があって起こることのように思われるかも知れませんが、そうではありません。環境の中に脳をボケさせる要因があり、本人がそれを補う努力をしていなければ、人は簡単にボケます。⑤聡明だった人が定年退職後にあっさり言葉を失う例などが典型ですが、脳を使いすぎるほど使っている若者や働き盛りの人でも、使い方が偏っていれば、ボケは発生します。日常生活の中にぽっかり開いた落とし穴にはまるように、普通の人たちがボケていく。私が知っているだけでも、そういう例は数限りなくあります。

7　ボケ症状をどんどん深刻化させていくとき、多くの人は、不思議なほどそのことを自覚していません。まるで「裸の王様」のように、自分ではまったくおかしくないと思いながら、以前の自分ではなくなっていく。ボケには⑥そういう怖さがあります。⑦私の外来を訪れる患者さんたちを見ても、仕事や生活に支障をきたすほど症状を悪化させてから来院されるか、上司やご家族など、周囲の人が異常に気づいて連れて

こられるケースがほとんどです。

　　　ア　　　　どんなに重い症状でも（他の要因があって脳が器質的に壊れているわけではないなら）、本人の自覚と適切な治療によって必ず改善していくことができます。どんな病気でもそうですが、その上で大切なのは早期発見です。治療を開始するのが早ければ早いほど、より短期間で、確実に、脳の機能を回復させていくことができます（初期の段階で症状が軽いうちなら、治療というほどのことをしなくても、生活の改善と訓練だけで十分に改善していけると思います）。

■全体把握■

1. この文章のメタ・コンテンツは何ですか。{　　}の中から適当なものを選びなさい。

　　　　　　　　　　　　　　　　　　　　　　　　　📷 メタ・コンテンツを把握する

脳の {a. 機能　b. 器質的障害(しょうがい)} から見た、{a. 認知症(にんちしょう)　b. ボケ} の {a. 環境要因(かんきょう)　b. 治療方法　c. 症例報告}

2. 文章の種類は何ですか。適当なものを選びなさい。

　　a. 医学専門書　　b. 教養書(きょうようしょ)　　c. 論文　　d. 小説

（注）教養書：あるテーマについて一般読者向けに書かれた教養のための本。専門分野の入門書も含むが、本格的な専門書は含まない。実用書(ハウツウ物)も含まない。

■言語タスク■

＞1段落

1. テキストの内容と合っているものを全て選びなさい。

　　a. 脳の機能は、使わないでいると低下する。
　　b. 神経細胞(さいぼう)は個々に働きが決まっている。
　　c. 神経細胞は集団化してネットワークをつくる。
　　d. 細胞が集まれば、自然に高度な活動が生じる。

＞3段落

2. 下線部②は、何を指しますか。適当なものを選びなさい。

　　a. ケガや病気などによる脳の損傷(そんしょう)
　　b. 遺伝的(いでん)な原因による精神疾患(しっかん)
　　c. 近年増えてきた若年性の認知症
　　d. 脳が部分的に眠ったような状態(じょうたい)

> 3段落

3. 下線部③は、何を指しますか。適当なものを選びなさい。

　　a. 認知症が高齢になるほど発生しやすい傾向
　　b. ボケ症状が表われる年代が若くなる傾向
　　c. ボケ症状が進行していても気づかない傾向
　　d. ケガや病気が何もないのにボケが出る傾向

> 7段落

4. 下線部⑥は、何を指しますか。適当なものを選びなさい。

　　a. 気づかないうちに症状が進み、以前の自分でなくなっていくこと
　　b. 症状が進むと仕事ができなくなり、収入を失ってしまうこと
　　c. 本人が気づかないのに、上司や家族などに知られてしまうこと
　　d. 止めようと思っても自分では病気の進行を止められないこと

■ 認 知 タ ス ク ■

> 1段落　　　　　　　　　　　　　　　　　　🗔 原因と結果の関係を把握する

1. 下線部①とありますが、対応する原因は何ですか。

―――――――――――――――――――――――

> 3段落　　　　　　　　　　　　　　　　　　🗔 比較・対照する

2. (1) 筆者は「認知症」と「ボケ」を区別して使っています。決定的な違いは何ですか。

―――――――――――――――――――――――

　　(2) それは、つまり何が違うのですか。適当なものを選びなさい。

　　　　a. 症状の内容　　b. 進行の度合い　　c. 原因　　d. 治療法

> 5段落 　　　　　　　　　　　　　　　　　　　　　　明示的な主張・意図を把握する

3. 下線部④は、どのような訓練だと考えられますか。

_____

> 6段落 　　　　　　　　　　　　　　　　　　　　　　何の例かを把握する

4. 下線部⑤は、何の例ですか。適当なものを選びなさい。

   a. 大きな環境の変化など、何か特別な原因があって起こるボケの例
   b. 環境内に要因があり、努力で補わなければボケは起こるという例
   c. 脳をよく使っていても使い方が偏っていれば、ボケが発生する例
   d. 普通の人が、普通の生活で落とし穴にはまるようにボケていく例

> 7段落 　　　　　　　　　　　　　　　　　　　　　　何の例かを把握する

5. 下線部⑦で挙げられた2つのケースは、何を説明するためのものですか。適当なものを選びなさい。

   a. ボケ症状の進行に、多くの場合、本人が無自覚であること
   b. ボケ症状の進行が、しばしば非常に急速であること
   c. ボケ症状が出ると、本人よりも周囲に迷惑がかかること
   d. ボケ症状の出た人は、医師の診察を受けたがらないこと

> 8段落 　　　　　　　　　　　　　　　　　　　　　　明示的な主張・意図を把握する

6. 空欄　ア　に入る文として、適当なものを選びなさい。

   a. ボケは一見単純な病気ですが、一度かかると根治するのは難しい病気です。
   b. ボケはじっくり長い時間をかけて、根気よく治療を続けることが大切です。
   c. ボケは甘く見ることのできない問題ですが、治らない病気ではありません。
   d. ボケが出る原因は環境にありますが、治療は手術と投薬が基本になります。

> 全体　　　　　　　　　　　　　　　　　　　　　　　比較・対照する

7. テキストの内容をもとに、（　　）に適当な言葉を書きなさい。また、{　　}の中の適当な言葉を選びなさい。

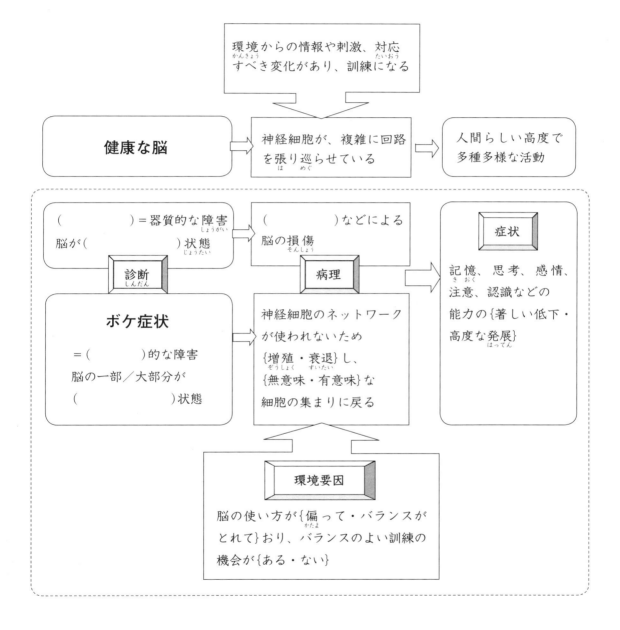

> 全体

論点を把握する

8. テキストの主旨として適当なものを選びなさい。

a. 私たちが行っている知的な活動は、脳内の神経細胞のネットワークがつくりだす神経化学的な働きであって、人間らしい心の働きだと考えるのは錯覚にすぎない。

b. 現代の生活はパソコンや携帯電話など、ボケが発症しやすい環境条件がそろっていて危険であるから、普通の生活をしていたのでは、ボケを防ぐことはできない。

c. 神経細胞がつくるネットワークは高度な活動を司っており、そのネットワークにこそ人間活動の本質があるのだから、ボケた人はその人間らしさが損なわれている。

d. ボケは環境によるものなので、偏った脳の使い方をしていれば誰でもなりうるが、早期発見し、生活に気をつけ、脳の使い方のバランスをよくすれば必ず良くなる。

e. 平凡な人生を生きていると、脳に刺激を与えず、脳の訓練を行わないためボケが起こりやすいから、できるだけ刺激的で変化のある人生を送るべきである。

■ 出　典 ■

乙武洋匡（著）1998「心のバリアフリー —靴と車椅子」『五体不満足』講談社

香山リカ（著）2006「30代ビジネスマンの「心の病」を考える」『月刊Forbes日本版11月号』ぎょうせい

北原菜里子（著）、岩波書店編集部（編）2001「「少女マンガ家ぐらし」へ —夢を叶える」『なぜ私はこの仕事を選んだのか』＜岩波ジュニア新書＞

村上龍（著）、テレビ東京報道局（編）2007「PROFILE —夢を実現させ続ける外食産業の雄」『カンブリア宮殿 村上龍×経済人』日本経済新聞出版社

村上龍（著）、テレビ東京報道局（編）2007「INTERVIEW—夢に日付を入れれば、今日やるべきことがわかる」『カンブリア宮殿 村上龍×経済人』日本経済新聞出版社

テレビ東京報道局（編）2007「日野原重明：いつも学びがある。患者からも学ぶ。それを伝える役割がある。」『ガイアの夜明け —不屈の100人—』日本経済新聞出版社

箱田忠昭（著）2006「「早朝時間」のフル活用で成功した人たち」『頭のいい「時間」術』三笠書房＜知的生きかた文庫＞

西日本新聞（2007年8月10日朝刊）「春秋：緑のカーテン」

産経新聞（2008年1月23日）「環境立国ニッポンの挑戦 —第1章　水資源（4）進む廃水浄化 再利用「当たり前」」

東嶋和子（著）、北海道新聞取材班（著）1996「渡り鳥はなぜ迷わない？」『科学・知ってるつもり77』講談社

築山節（著）2005「フリーズする脳 —思考が止まる、言葉に詰まる」『フリーズする脳—思考が止まる、言葉に詰まる』NHK出版＜生活人新書＞

■ 監修者・編著者紹介 ■

監修者：コミュニカ学院学院長
　　　　奥田純子（おくだ　じゅんこ）

編著者：コミュニカ学院 学習リソース開発チーム
　　　　竹田悦子（たけだ　えつこ）
　　　　久次優子（ひさつぎ　ゆうこ）
　　　　丸山友子（まるやま　ともこ）
　　　　八塚祥江（やつづか　さちえ）
　　　　尾上正紀（おのえ　まさのり）
　　　　矢田まり子（やだ　まりこ）
　　　（コミュニカ学院ウェブサイト　URL: http://www.communica-institute.org）

■ 語彙翻訳
中国語：于　維強
韓国語：林　慧暻
英　語：David Polen

■ 装丁
折原カズヒロ

■ 本文イラスト
村山宇希

■ レイアウト
市川麻里子

読む力　中級
（よ　ちから　ちゅうきゅう）

2011年6月8日　第1刷 発行

[監修]　奥田純子（おくだじゅんこ）

[編著]　竹田悦子・久次優子・丸山友子
　　　　（たけだえつこ）（ひさつぎゆうこ）（まるやまともこ）
　　　　八塚祥江・尾上正紀・矢田まり子
　　　　（やつづかさちえ）（おのえまさのり）（やだまりこ）

[発行]　くろしお出版
　　　　〒113-0033　東京都文京区本郷3-21-10
　　　　Tel：03・5684・3389　Fax：03・5684・4762
　　　　URL：http://www.9640.jp　Mail：kurosio@9640.jp

[印刷]　シナノ書籍印刷

© 2011 Junko Okuda, Etsuko Takeda, Yuko Hisatsugi, Tomoko Maruyama, Sachie Yatsuzuka, Masanori Onoe, Mariko Yada　　Printed in Japan
ISBN 978-4-87424-518-7 C0081

乱丁・落丁はお取り替えいたします。本書の無断転載・複製を禁じます。